起業・企画・営業・雑談のネタは日常の諦めている不便利から

百式管理人 田口元 著
www.fubenri.com

英治出版

アイデアに悩むすべての人へ

僕にもアイデア、ありません。


そこでホームページを立ち上げました。

二〇〇〇年のことでした。

僕がもともと持っていた『百式』というホームページのすみっこのほうで、一つの小さなコーナーをはじめました。


タイトルは「起業のネタは日常の諦めている不便利から」。

世の中の起業家はなにげない日常の一コマからアイデアをひねりだしているなぁ、と感じたからでした。


最初は自分で感じている不便利を投稿していました。

すると、ぽつり、ぽつり、私も、僕も、と全国の読者から投稿が集まり始めました。


そんなふうにして三年が経ちました。

集まった投稿の数、数千件。

今、あなたがこうしてこの本を読んでいるあいだも、全国から投稿が寄せられています。

とてもホームページで全部を紹介しきれません。

それらの投稿をまとめたのがこの本です。


みなさんから寄せられる投稿を読んでいるといろいろなアイデアが浮かんできます。

あ、やっぱりほかの人もそう思っていたんだ、だったらこういう製品どうかな、と考えてしまうのです。


そんなアイデアもこの本ではあわせて紹介しました。

あなたがご自分でアイデアをひねりだすときの参考にしてみてください。


それから大事なことが一つあります。


過去三年間、みなさんからの投稿を読んでいるといろいろなことが分かりました。

みんなが不便だなぁ、と感じていることにはやっぱりいくつかの傾向があるのです。


一番多いのは「すぐなくなるリモコンや鍵をなんとか見つけたい」という投稿です。

そして次は「エレベーターのボタンを間違って押したときにキャンセルしたい」というもの。

なるほど、なるほど、自分もそうだな、と思ってそれらの投稿を読んでは、ホームページに掲載していました。

でもある日、何人かの読者からメールをもらいました。

「それを解決する製品やサービス、もうありますよ」というメールでした。

リモコンがなくならないようにする製品もあるし、ある種類のエレベーターは二回ボタンを押せばキャンセルできるのです。

そうです。

寄せられる投稿の中には、すでにそれを解決する製品やサービスがあるものが多いのです。

なーんだ、と最初思いました。

でも、おやっ！と次の瞬間に思い直しました。

製品やサービスがあるのに知られていない。

だったら「どうしてそれが知られていないんだろう」「どうやったらそれを知らしめることができるのだろう？」と考えてみました。

そうすると、もっといい製品やサービスのアイデアが浮かんできます。

この本にある投稿の中で、みなさんが考えつく製品やサービスがあったら、そう考えてみてください。

きっともっといい製品やサービスのアイデアが浮かんでくるでしょう。

「なーんだ、そんなのもうあるよ」と考えずに、「どうすればもっといいものをもっと多くの人に届けられるだろうか？」、そう根気よく考えぬいてみると大きなビジネスのアイデアが浮かんでくるのかもしれません。

だって、そこに人々が不便を感じているのは間違いないのだから。


普通の人が考えるのをやめてしまうところでこそ、根気よく考え抜いてみる。

僕がこの本で一番伝えたいのはそこです。


この本がみなさんの起業、企画、営業、雑談の、アイデアの素になりますように。

百式管理人・田口元

Part 1 001-030

Part 2
031-060

Part 3
061-090

Part 4
091-120

Part 5
121-150

起業・企画・営業・雑談のネタは
日常の諦めている不便利から

Part 1

001-030

001
アイデア

ご無沙汰メール

マンネリ化を防止するためには？

この人からメールが来るのは何日ぶり、なんて表示がされて、その日数で並び替えできたりすると便利。〈ご無沙汰度〉が分かれば、そろそろメール書こうかな、と思えるし。

（投稿　匿名希望さん）

メールに限らず〈ご無沙汰度〉というパラメータはいろいろ使えそうだ。

この店に来たのは何日ぶり、この音楽を聴いたのは何日ぶり、この服を着たのは何日ぶり、この人に会ったのは何日ぶり、などなど。

最近のシステムには〈最近使ったファイル〉、〈最近打ったメールの宛先〉がよく使われているが、〈前回からの間隔〉を組み込んでくれると偏りのない作業ができそうだ。マンネリも防げる。

この〈ご無沙汰度〉、ほかにどんな活用の仕方があるだろうか。

002
アイデア

ヨッパラメール

酔った勢いで……とはもうおさらば！

酔っぱらってるときに書いたメールを、実は送信していないメールソフトがあればいいいな。

（投稿　Cheeさん）

酔っぱらっているときには判断力が落ちる。気がついたら「それがいけなかった……」なんて事態に陥ってしまうこともままある。**酔っぱらっているときに犯しがちな間違いを予防する仕掛けが欲しい。**

酔っていると電源が入らないパソコンや、ボタンが押せない携帯電話があるといいな。

003
アイデア

速報メールテレビ

つながらない人にもつなげてみよう！

テレビの画面にメールが送れたら、パソコンや携帯を使いこなせないうちの親父にもメールできるのになぁ……。ニュース速報みたいにテロップで流れるとか。

（投稿　田川悟郎さん）

パソコンや携帯が使えない人とコミュニケーションするためのメディアはもっと考えられそうだ。

メールを送ると音声に変換して読んでくれるラジオ、メールの文面が印刷されてくる新聞の折込ちらし、などなど。

パソコンや携帯電話を使わない人たちは、ふだんどのようなメディアを使っているだろうか。

そのメディアとメールやホームページをうまくつなげられないだろうか。

004
アイデア

部屋タイマー

寝るときと起きるときにできること

暗い部屋や遮光カーテンの部屋だと朝がきたら自動的に照明がついてほしい。

ついでに窓もタイマーで開け閉めしたい。

（投稿　munitisさん）

寝るタイミングと起きるタイミングを感知できる仕組みができたらいろいろできそうだ。

睡眠時間を毎日計測して健康管理、なんてことも可能だろう。

個人的には起きる一〇分前くらいを感知して朝食ができていたり、仕事に行く準備ができていたりするとありがたい。

起きた直後や疲れて寝る前はうまく体が動かない。そんなときにいろいろ自動化してくれたり助けてくれる仕組みがあるといいですね。

005
アイデア

テレビさんが転んだ

見ていないときや見ていても寝ているときに自動的にそれを感知して電源が切れるといいな。

（投稿　おかださん）

見つめるという行為を活用する？

逆に視線を感じると電源が入ったりする仕掛けはおもしろいのかも。

さらに、視線を感じると新たな情報が浮かび上がってくる、といった機能もいい。商品をじっと見ていると詳細情報や価格が表示されたりだとか。（値札をひっくり返して見るのって、何かいやじゃないですか？）

また視線を感じて単純に拡大されたりするテレビやディスプレイは視力の弱い人にとって便利だろう。

人間の中で最もエネルギーを使わない行為である、〈見つめる〉という動作はいろいろ使えそうじゃないですか？

006
アイデア

消音家電

家にあるモノ同士の関係を見直そう！

電話がかかってくると自動的にテレビの音が消えるといいかも。

（投稿　匿名希望さん）

もしくはテレビで臨時ニュースが入るとステレオが消えるとか。

または押し売りセールスが来たら部屋の電気が消えるとか。

家電を一つ一つの部品と考えずに、部屋の中を一つのシステムと考える。ある家電が動いたとき、どの家電がどう反応すべきか。

今度自分が家電をいじったとき、それは何がきっかけとなっていたか考えてみるといいだろう。

007
アイデア

外れなし検索

意味のないデータに悩んでいませんか?

リンク切れを除いた検索結果を表示してほしい。

（投稿　のりくん）

情報化社会である。

扱うデータが増えてきている。使えるデータも、使えないデータも一緒になってしまっている。

そんな時代には〈データのクリーニング〉というコンセプトが必要だ。

顧客データベースの住所や電話番号を定期的に修正してくれる。自分のホームページからリンクされているサイトが消えていたらリンク自体を消してくれる。携帯電話の住所録から〈現在使われていない番号〉を消去してくれる。そんな製品やサービスがあったらいいな。

008

アイデア

子供派遣

子供のあいだで本当に流行っているものを大人は知る術がない。分かると楽しいと思うのだが。

（投稿　匿名希望さん）

子供のアイデアをビジネスに？

先日子供に「おにいちゃん、まだ結婚してないの？」と聞かれた。大きなお世話、と思いつつ、「○○くんはいつ結婚したいの？」と聞いてみた。

「僕はおにいちゃんの歳には結婚しているよ。そのころには持っているゲームとか全部クリアしてるし」と言われた……。

子供の発想は実に柔軟だ。企業のブレインストーミングなど、子供こそ呼んでみるべきだと思う。企画会議用子供派遣サービスなんておおいにありだろう（まじ）。

子供の発想を吸い上げるためのチャネルを、どうしたらつくれるだろうか。

アイデア 009

停車駅通信

あの人が次に何をするか分かるといいな

目の前に座っている人がどこで降りるのか分かればいいいな。携帯電話が定期券等と勝手に通信してそれが分かれば座れる確率が高くなりますよね。

（投稿　Jojiさん）

問題ない範囲で人の動きが予測できるような仕掛けがあると便利なのかも。

お互いに道をゆずろうとしてかえって通せんぼをしてしまうことがよくあるが、相手がどちらに行くか遠くのほうから分かればいい。

たとえば、靴から出る光か何かで行く方向を指し示すとか。

買うつもりがあるのかどうか、お客が店に入った時点で分かる仕組みも素敵だ。

入口のマットに「店員のアドバイスが必要な方は、こちらのマットを踏んでからお入りください」と書いてあると分かりやすいですね。

010
アイデア

次の列車

次に向かう場所について教えましょう！

よく使う駅と目的地の駅を入れておくと、携帯の待ち受けに次の列車の発車時刻が出てくれるとうれしい。

（投稿　はとさん）

今から行こうとする場所の情報を携帯電話でチェックできたら便利そうだ。

今から乗ろうとしているエレベーターが何階にいて、上がっているのか、下がっているのか、遠くから分かるとか。

また、レジの混み具合がつねに携帯に表示されていると効率的にお買い物ができるだろう。

自分は次にどこに向かっていて、どんな情報が欲しいか考えてみる。そうすると新しい携帯電話のサービスが思いつくのかも。

011
アイデア

携帯範囲

そばにいろよ、離れたら教えてくれよ

自分のそばからある一定距離以上離れると警告してくれる携帯電話。

（投稿　匿名希望さん）

もしくは鍵や財布なども警告してくれるとありがたい。電車の網棚についうっかり忘れてしまう大事な書類も。

さまざまなデジタル機器が登場してくるにつれ、より多くのものを携帯したいというニーズが出てきた。しかし、人が持てるものには限界がある。

何もかも身につけて携帯するよりも、身の回りに常にあるようにする、と考えてみる。

自分から離れると教えてくれたり、自動でついてきてくれるような仕掛けがそこには必要だ。もしくは周りのものが自分のものになる、という考え方も有効ですね。

012
アイデア
状況携帯電話

もうあのスイッチを切り替える必要はない！

じっとしているとマナーモードで、歩いているときは着信音が鳴る携帯電話なら、電話を取り損ねることもなくなるかな。

（投稿　蓮見さん）

マナーモードのようなオプションはそもそも「状況に応じて切り替えてね」という意味がある。

だったら状況に応じて自動で切り替えてくれるとさらに便利だ。

問題はその状況をどう判断するかである。

周りの暗さに応じてバックライトを自動でつけてくれる携帯情報端末だとか、枕の上に重量がかかっていると鳴らない家の電話だとか、所有者が一定距離以上離れるとロックがかかる携帯電話だとか。

013
アイデア

大画面付き携帯電話

大画面を手軽に実現する？

収納式の大画面がしゅるしゅると取り出せる携帯電話。
（投稿　けろさん）

携帯電話や携帯情報端末の類が使いにくいのは画面が狭いからだ。それをこのような方式で解決できたら一気にいろいろな使い方が出てくるだろう。

携帯電話に限らず、一般に広い画面で作業したほうが作業効率がよくなることが知られている。画面を手軽に広くするアイデアはほかにもあるだろう。

たとえば予算にあわせて増設していくことのできるディスプレイなどはどうだろう。一五インチのディスプレイを大きくしたいときは一七インチのディスプレイを買わなくてはいけないが、二インチ分だけ増設できると便利だ。

大画面を手軽に実現するにはどんな方法があるだろうか。

014

アイデア

じんわり窓

生活のちょっとした刺激をやわらかく……

カーテンを開けた瞬間だけ窓ガラスにスモークがかかって徐々にそれが透明になっていくと「う、まぶしい！」ということがないだろうな。

（投稿　匿名希望さん）

急激な刺激の変化というのは日光だけに限らない。

日常にひそむ刺激をやわらげる、もしくは排除する仕掛けはほかにも考えられそうだ。

徐々に水温が下がっていく誘導路があるプール、蛇口から出したつもりがシャワーから水が出て頭に冷水が……というのが絶対に起こらない浴室。職場でどなられた瞬間に音声をシャットアウトするイヤホン。

落ちる前に警告してくれるブレーカーなんかもあるといいな。

015
アイデア

窓の調べ

〈着メロ〉の発想で考える？

雨が窓にあたると音楽を奏でてくれると分かりやすいかも。

（投稿　匿名希望さん）

どうせ何かを知らせてくれるなら音楽がいい、そしてできるならばその音楽が自分好みのものであればいい。

それが携帯電話の〈着メロ〉の発想であると思う。

そして世の中には電話の着信のほかにも、何かを知らせるシーンはたくさんある。

そうしたシーンで〈着メロ〉の発想を活かすことができるか考えてみると面白いだろう。

郵便が届くと好きな曲が鳴る〈郵便着メロ〉、終わった音を変えられる〈洗濯機着メロ〉、などなど。

016

アイデア

雑誌新聞

多少値上がりしてもいいので、雑誌程度の大きさに新聞が製本されていると、電車でも読みやすいし、迷惑にもならないのに。（投稿　佐藤さん）

場面場面で見た目が変わります

新聞は家でも読むし、電車の中でも、職場でも読む。

そう考えると、**複数のシーンで利用されるものは、その形状を自在に変えられるといいな。**

混雑しているところでは面積が小さくなる傘、仕事中とアフターファイブで違う色になるマニキュア、自分が見ているときと他人に見せるときでは違うものが出てくる携帯の待ち受け画面（自分の趣味にどっぷりはまれますな）、などなど。

017
アイデア

蛇腹カー

雨の日にもまったく濡れません！

雨の日、傘をたたんで車に乗り込むとき、すばやく乗り込めないものです。

そのときに蛇腹のような雨よけがドアと車のあいだについていると便利です。

ドアの内側も濡れないいし。

（投稿　山元正美さん）

雨の日に傘を持っていても濡れてしまう瞬間。そんな瞬間は傘を持っているだけにちょっと腹立たしい。

まったく雨に濡れないためには何ができるだろうか。

横を走る車の水しぶきを避けるための足専用傘。降りるときに水たまりに足をつっこまないように工夫されているタクシー。

傘を持っているにもかかわらず濡れてしまうシーンにはどんなものがあるだろうか。

018
アイデア

数字トーク

数字に強いところを見せてあげよう！

簡単な暗算で間違えるととても格好悪い。
大事なプレゼンでそれをやってしまった日にはもう……。

（投稿　匿名希望さん）

数字を自在に操れると説得力が増す。

そして説得力はビジネスにおいて重要であることは言うまでもない。

そう考えると、**どんなシーンにおいても数字に強いことを演出できるような仕掛けがあるといい。**

「今年の売上の五六〇〇億円の三％は……」としゃべるとその続きを耳元でささやいてくれる、そんな音声認識暗算機能付イヤホンなんか、とてもとても素敵だと思う。

誰かつくってください……。

019
アイデア
予告CD

今持っているものをさらに便利に！

CDを演奏するときに「次の曲は……」なんて曲名を自動で言ってくれるソフトとかあれば便利かな、と。

（投稿　匿名希望さん）

まったく新しいものをつくるのではなくて、すでに売られているもの、つまり、すでに人々が所有しているものに何か新しい価値をつけ加える。そんな発想は重要だ。

絵画コレクター向けには、絵画を認識して作者などの詳細情報を表示してくれる機械とか、よく本を読む人向けには、本の表紙をカメラ付携帯で写すと、それを認識してその著者のほかの作品をその場で買えたりだとか。

自分が持っているものに何か新しい価値をつけ加えるとしたら何ができるだろうか。たまには身の回りを眺めてみるといいのかも。

020

アイデア

勝手メモ

呼吸をするようにメモできます！

テレビやラジオで流れる、「メモのご用意を……」の言葉が音声認識されて、自動で録画や録音をしてくれれば便利です。

（投稿　匿名希望さん）

人の記憶力は無限ではない。

一方、日常流れてくる情報は増えていくばかりである。

その差を埋めるために効率的なメモの仕組みが今こそ必要である。**どうしたら自動、または簡単にメモが取れるか考えてみよう。**

必要な部分だけを指でなぞると印刷してくれる時刻表、ある特殊なまばたきをすると見ているものを保存してくれるメガネなんかがあったら便利そうだ。

021
アイデア

ロボットトイレ

トイレという場所に新たな活用法を！

流す水の量が調整できるようなトイレがあるといいな、と。

（投稿　匿名希望さん）

状況に応じて、水量が自動で調整されるといい。

それと同時に必要なトイレットペーパーの長さを自動で計算して出してくれるといい。

はてはその日の体調を判断してくれて必要に応じて励ましてくれる、とか。そんな親切な友達みたいなトイレがいいな。トイレでは一人だし、飾らない、本音の会話ができそうだ。

そう考えると家庭内で最も口ボットペット化すべきなのはトイレなのかもしれない。**トイレを友達と位置づけると、どんな仕掛けが可能だろうか。**

022 アイデア

トイレダイエット

体重とうまくつきあう方法?

うちの会社のトイレは目の前が壁。小便器の足元に体重計があって、そこに立つたびに目の前の画面に体重が表示されると、やせようとする社員が増えるのでは。

（投稿　まさねこさん）

靴に体重計が内蔵されていて異常があったら携帯に電話をかけてくれる。

エスカレーターのステップごとに体重計が仕掛けてあって表示される。

自動改札を通るときに体重がディスプレイに表示される。

そんな世の中になればいいなぁ（でもないか）。

どちらにしろ**リアルタイムに自分の体重と付き合っていけるような仕掛けは必要でしょう。**

体が資本、ですからね。

023 アイデア

床下掃除

こんなゴミ箱欲しかった、と言わしめる

掃除するときに床についてるフタを開けて、ほうきでそこまでホコリを掃いていけばビューンと吸いとって自動的にゴミ箱へ。

掃除機など置くスペースがない一人暮らし用アパートなどに便利。


（投稿　はしもとさん）


ゴミ箱にゴミを捨てる、という行為はけっこうストレスがたまる。

わざわざそこに行かなくてはいけないし、いっぱいだったらゴミ袋を入れ替えなくてはいけない。調子にのってゴミを投げて外したら自己嫌悪に陥るし。

〈ゴミを捨てる〉という行為のいらないゴミ処理方法が考えられないだろうか。

天井にゴミ収集用のバキュームがついていて上に投げるだけ、なんてのは便利そうだ。

024
アイデア

タクシパート

使うたびに値段が違うものを同じにする?

タクシーの〈駅すぱあと〉みたいなものってないだろうか。
ここからここまでこの時間帯だといくらで、どれくらい時間がかかる、とか分かれば便利です。

（投稿　はるなさん）

タクシー運転手の上手下手からくる運賃の変動リスクを顧客が負担している今の状態はいかがなものか。

うまい運転手だと安くすむのに、下手な運転手だとこんなにかかってしまった、というのはよくある。

この地点からこの地点までの目安料金があったり、運賃を事前に交渉できたり、そもそも定額制とか、そんな仕組みがあってもいいのでは。

タクシーに限らず、**基本的に同じサービスなのに受けるたびに値段が違うものを探してみるといいのかもしれない。**

025
アイデア

体調マウス

身の回りのものが自分の体調を教えてくれる？

マウスを握っていると、心拍数・血圧・体調が、タスクバーなどに表示されるなんていいな。

（投稿　k.sugaya さん）

体調をいつでも意識することは言うまでもなく重要である。

そう考えると、今自分が扱っているものに体調を反映させると直感的に分かりやすい。

体調に合わせてマウスの動きが速くなったり遅くなったりするとか。もしくは持ち運ぶカバンが重くなったり軽くなったりするとか。

日々の生活で、自分が操作するものや触るものに体調情報を送り込むためにはどんなことができるだろうか。

026
アイデア

感動袋

あけたらびっくり！　そして感動！

コンビニなどで買った弁当を袋に入れると傾いてしまうことがあります。弁当が傾かない袋があると便利だと思います。
（投稿　川原さん）

残業のあとにさびしく弁当を買い、家に帰るとご飯が片よっている……。ひどく落ち込む瞬間である。

そう考えると、買った瞬間と使う瞬間で落差が出てしまう製品やサービスはほかにもある。

買ってきたモノの包装を開けた瞬間に、驚きや感動があると素晴らしい。

ただ単に配送や梱包するだけでなく、開けた瞬間に感動を加えるためにはどうしたらいいだろうか。

027
アイデア

快速買物袋

買物袋の取っ手の真ん中のところをテープでとめてくれたりするが、あれは外すときにうまくいかない。なんとかならないだろうか。

（投稿　武沢信行さん）

もう道具を取りに行かなくてもいいよ

そのテープがうまく切れなくて、しょうがなくはさみを取り出すこともしばしばだ。

このように生活の中で**ちょっとした道具を取りに席を立つことはよくある。**

道具を取りに行かなくてもすむように、目盛が目立たないようについている住居だとか（家具を買うときに寸法を測るのが楽なように）、靴磨きがまったく必要のない靴だとかあるといいな。

028
アイデア

季節操作

季節ごとの変化はワンタッチで！

ワンタッチで門松になるクリスマスツリーがあるといいと思います。同じ針葉樹だから何とかなる⁉

（投稿　森下"hurry"義之さん）

季節ごとに何かを変えるのは面倒だ。特に衣替え。クローゼットの中身を入れ替えるのは非常に苦痛である。

その苦痛からくる入れ替えの遅さのせいで毎年風邪をひいているのではないか、と思うくらいだ。

ワンタッチか自動で季節用品を切り替えられる仕組みがあるといいな。

日差しの強さによって厚みや模様が自動で切り替わるカーテン、冬になるとたたんでしまっておける扇風機などなど。

029
アイデア

豊作会話

会話を楽しくする仕組み？

電話で会話しているときに、ボタンを押すとワイドショーの観客の笑いみたいなものが流せたり、「バシッ！」という効果音とか流せたらいいいな。

（投稿　匿名希望さん）

携帯電話をはじめ、電話機はとても高機能になった。

しかしそれらのほとんどは電話をかけるプロセスや、うけるプロセスに関するもので、会話そのものを豊かにしてくれるものではない。

そう考えると、**会話そのものを楽しくしたり、効果的にしたりする仕掛けはもっと考えられてもいいのかも。**

自分の好きな音楽をバックグラウンドで流せたり、今何分話したかを自分だけに聞こえるように教えてくれたり。

そんな電話があったら買いたいな。

030
アイデア

話テーブル

見えないものを見えるようにしてみよう！

話をしているとき、今誰にみんなの注目が集まっているか、ダイナミックに表示してくれるテーブルとかあったら楽しそう。

（投稿　匿名希望さん）

こんなテーブルがあったら合コンや会議に威力を発揮しそうだ。リアルタイムに累積のスコアなんか出してくれてもおもしろいだろう。

最近は情報の流れが重要だ、とは言われる。

ただしそれが定量化、視覚化されているのはコンピュータのプログラムの中だけだ。

それ以外で**情報がどう動いているか、リアルタイムに把握できるとおもしろいだろう。**

たとえば組織内で積極的に情報を発信している人とそうでない人が分かれば新しい組織編制も考えられるだろう。

#001：公式サイトもチェック！

実は今、あなたがこの本を読んでいるあいだにも、全世界（そう、全世界！ なのだ）から続々と『日常の諦めている不便利』が集まってきている。

それらの投稿は『起業・企画・営業・雑談のネタは日常の諦めている不便利から』公式サイト、Fubenri.comで読むことができる。

起業、企画、営業、雑談のネタがもっと欲しい！ という人は一度のぞいてみよう。

01

『起業・企画・営業・雑談のネタは日常の諦めている不便利から』の公式サイトはhttp://www.fubenri.com/である。お気に入りのブラウザでのぞいてみよう。

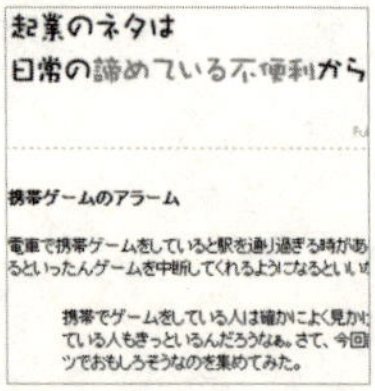

02

読者からの投稿は、毎日一つ、あらたに掲載される。掲載された『日常の諦めている不便利』にはサイト管理人がコメントをつけている。

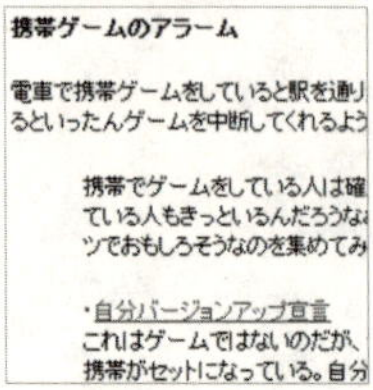

03

このサイトを見た人もコメントを書き込める。そのようなコメントの中に、きらりと光るアイデアが見つかるかもしれない。

起業・企画・営業・雑談のネタは
日常の諦めている不便利から

Part 2
031-060

031
アイデア

フライトブッククラブ

行き先が一緒なら仲良くなれる？

飛行機の中で乗客同士が読んでいる本を交換しあえるような仕組みがあったら便利だろうな。

（投稿　匿名希望さん）

飛行機や新幹線などに一緒に乗っている人はある意味運命共同体である。

そんな人たちのあいだで交流を促進させるような仕掛けは比較的受け入れやすいのではないだろうか。

搭乗者同士で対戦ゲームをやって優勝者にはチケット代全額キャッシュバックとか、機内にいる人とチャットできたりだとか。

そんな**コミュニティが売りの輸送手段があってもいいのかも。**

032
アイデア

ボールマウス

それ、持ち替える必要はありません！

マウスのおしりのほうがなんとボールペンになっています！なんてのがあれば便利？

（投稿　匿名希望さん）

ネットサーフィンをしていてちょっとメモ、というときはマウスからペンに持ち替えなくてはいけない。

こうしたちょっとした〈持ち替え〉はストレスがたまる。

それなら、そもそも持ち替える必要がないようにマウスとペンを合体させてしまうのがいいだろう。

マウスに限らず、**あなたが何かから何かに持ち替えたとき、どんな工夫や〈合体〉が可能か考えてみるといいだろう。**マウスとキーボードの合体、バットとグローブの合体、ナイフとスプーンの合体……。

033

アイデア

感情マウス

アナログなデジタル機器はどうですか？

マウスをクリックするとき、怒っていれば強く、リラックスしていれば弱く押しますよね。そんな感じでマウスの押し方で感情を表せるチャットとかあれば楽しそうです。

（投稿　Andoさん）

同様にキーボードを叩く強さも気分によって違う。

強く打たれたときは字を大きく表示し、弱く打たれたときは小さく表示してくれるようなチャットソフトやワープロソフトがあれば楽しいかも。

0か1かのデジタル入力をアナログ的に処理できたら、おもしろい効果が実現できるのかもしれない。

034
アイデア
マウスオン
次の行動を予測して、一歩先を行こう！

パソコンのマウスをつかむと電源が入る、なんてのは便利ではないでしょうか。

（投稿　古山さん）

これをこうしたら、あれはああなっているはずだ、というケースはほかにもたくさんあるだろう。

椅子に座ったらスクリーンセーバーが解除される、玄関で靴をぬいだらドアがロックされる（欲しい！）、枕もとで本を開いたら読書灯がともる、などなど。

自分の動作が次のどんな行動に結びついているのかたまには観察してみよう。

とても便利なアイデアが思いつくのかもしれないですよ。

035
アイデア

そのまま自転車

倒れると思ったでしょ？　倒れないよ

スタンドを動かさなくても勝手に立っている自転車が欲しい。自転車降りたら即移動、みたいな。

（投稿　FUJIMORIさん）

倒れて困るものはそもそも何もしなくても倒れないようになっているといい。

自転車以外にも、傘、杖、看板などなど、支えがなくても置くだけで立っていてくれたら楽だ。

〈スタンド〉とか〈支え〉とかいう言葉を見たらそんなことを考えてみてもいいだろう。

036
アイデア

スマートチケット

乗り遅れない世界

飛行機のチケットにリアルタイムに搭乗中とか、ラストコールとか出てくれるといいなぁ。

（投稿　匿名希望さん）

飛行機は何度か乗り遅れたことがある。

もちろん空港でのアナウンスはあるのだが、絶対に乗り遅れない、というほど効果的ではない。

搭乗に関する情報がチケットにリアルタイムで表示されれば便利だ。

また、チケットが位置情報を発することによってチケットを持っている人が今どこにいるか分かれば乗り遅れを防止する手段はたくさんできるだろう。

飛行機に限らず、**この世の中から〈乗り遅れ〉をなくすためにはどういうことが考えられるだろうか。**

037
アイデア

マナー時計

礼儀に反することは……しない！

人と話をしているときに時間が気になることがありますが、あからさまに時計を見るのもいやらしいです。

そんなとき文字盤を触ると時間が読める……。

そんな時計が欲しいです。

（投稿　横井さん）

何かをしたいけど、今そうすると失礼にあたる、というシーンはけっこうある。

そうしたときに**失礼にならずにやりたいことを達成する仕掛けがあれば日常のストレスを軽減できるだろう。**

これをやりたいけれど失礼にあたる、というものにはほかにどんなものがあるだろうか。

声を出さなくても会話できる携帯電話、おならの臭いと音を吸収してくれる下着、おなかが鳴っても聞こえないシャツ、などなど。

038
アイデア

敵対犬反応器

苦手なものは近くに寄せつけない！

犬の散歩に行くと仇同士の犬がいます。
その犬が見える前に来ることが分かると慌てなくてすみます。
大型犬の場合は特に助かります。
（投稿　田中さん）

犬に限らず、**苦手なものにはなるべく遭遇したくないものである。**
そうしたものが近づいたら警告してくれるような仕組みがあるといい。

苦手なボスが近づいたら携帯に教えてくれるサービス。読むといやな気分になるメールが受信されたら開く前に教えてくれるメールソフト。批判的なことを言われる直前に聴覚をシャットアウトする耳栓。

そんな世の中は（ある意味）幸せそうだなぁ。

039
アイデア

名付けて『うがいらず』

道具がなくても大丈夫！

うがいは風邪予防には有効である。ただしうがいには水がいる。そして水はどこにでもあるわけではない。

そう考えると、**道具が身近にないようなものは〈〜いらず〉の発想で考えてみるといいのかも。**

そのままどこにでも貼れるポスターの〈画鋲いらず〉、いつ飲んでも冷たい飲料の〈氷いらず〉、半永久的に使えるペンの〈インクいらず〉などなど。

適当に目についたものに〈〜いらず〉とつけてみるとおもしろい発想が得られるだろう。

流感におびえる毎日に、あったら欲しいと思いついた〈ガム〉……。

その名も〈うがいらず〉。

ガムを噛むだけで、うがいの代わりになり、風邪のウイルスを撃退してくれる。

（投稿　久山美樹さん）

040
アイデア

リサイクルカバー

本を買うと書店でカバーをつけてもらうが、あれって再利用できないだろうか。

読み終わると捨ててしまうのでちょっともったいない。

（投稿　匿名希望さん）

リサイクルでマーケティング？

もうちょっと頑丈なカバーをつくって、「うちのカバーを持ち込めば割引します」といったマーケティングは集客効果があるのかもしれない。環境にもやさしいし。スーパーの買い物袋と同じである。

ほかの人と違って私はいいことをしているのよ、とちょっとした優越感を感じることもできる。

もったいないなぁ、なんて思うものはこうした〈リサイクルマーケティング〉を検討してみてはいかが？

041

アイデア

リカバリー布団

寝ているあいだの活動も活用する？

夜中跳ね飛ばした布団を掛け直してくれる布団があると、朝方目が覚めなくていいな。

（投稿　なかがわさん）

寝ているあいだにも人間はいろいろと動く。そうした動きを生産的な活動に結びつけられないだろうか、と考えてみるのはおもしろい。

寝相の悪さからくる動きで発電ができるベッドだとか、発想のネタとして使えるように寝言を自動録音してくれる枕だとか、歯軋りするたびに蚊よけの超音波が発信される入れ歯状の装置だとか。

そんな仕掛けがあったら二度寝が正当化されてしまうかな……。

042
アイデア

アクション弁当

開けにくいアレがこんなに簡単に！

コンビニ弁当は、ラップがかかっていたりしてとても開けにくい。できれば、缶ジュースのようにパカっと開けられれば大ヒット間違いなしなのに。

（投稿　まえださん）

よくよく考えると、**コンビニ弁当に限らず、開けにくいものはけっこうある。そうしたものが簡単に開けられるようになっているといい。**

スキー場でグローブをしていても簡単に取り出せるティッシュ、部屋の内側からだったら鍵を外さずに開け閉めできる窓（チャイルドロックは必要だろうけど）、トイレに入ると自動的に下がってくれるチャック（ちょっと嫌かな……）、などなど。

043

アイデア

視力ディスプレイ

ついつい……を警告してくれる仕組み？

パソコンでの仕事中、ついつい顔をディスプレイに近づけすぎてしまいます。

そんなとき、ディスプレイに自動的に警告表示が出ると、視力低下予防になると思うのですが、いかがでしょう。

（投稿　松場重曉さん）

ほかにも、ついつい寝過ごしちゃって、ついつい食べすぎちゃって、という状況はけっこうある。

思うに「ついつい」という言葉は軽い不幸への前フリである。そんな「ついつい」の前にちょっと警告してあげる仕組みがあるといい。

個人的に欲しいもの。二人で話しているときにどちらがどれだけ話しているか監視してくれていて、どちらかが話しすぎたら警告してくれる機械。

あるといいなぁ。ついついしゃべりすぎちゃうんだよなぁ……。

044

アイデア

滑らかケーブル

パソコンの裏はいつしかワイヤージャングルに。

どんなに絡んでも、軽く引っ張るだけでスーッと抜けるような、滑らか処理がしてあるケーブルが欲しいです。

（投稿　KOGUさん）

もちろん子供の力でもできますよ

簡単に抜けそうなのに抜けない。

もう少しで抜けそうだから力を入れてみるのだが、力を入れすぎたら何かを壊してしまいそう……。

そんな妙な力の入れ方をしてしまう状況はなんとかしたい。

つるつるした机でも軸がずれないで綺麗に円が書けるコンパスとか、すりきれたネジでも楽々まわせるドライバーだとか、詰まった紙がするりと抜けるコピー機やプリンタとか。

045
アイデア

漢字ペン

漢字が書けない自分とはもうさよなら！

芯の出ていない状態でひらがなを書くと、その筆跡を読みとってディスプレイに漢字を表示してくれるペン。就職活動中など堂々と漢字を調べられないときにこんなのがあると便利だと思いました。

（投稿　長谷川さん）

パソコンのおかげで〈漢字が書けない〉という傾向は加速度的に進んでいる。

しかし、日常生活においては漢字が書けないと不便だったり、恥ずかしかったりするシーンはまだまだある。

ひらがなを書くと漢字に変換してくれる機械が横についているホワイトボードがあればいいな（すごく欲しい）。

これがあればミーティングやプレゼンテーションのときに恥をかかないですむだろうから。

046

アイデア

コックピット玄関

出かけようとしてせっかく靴を履いたのに、部屋の電気を消し忘れた。玄関にいろんなスイッチがあればいいのに。

（投稿　匿名希望さん）

玄関にあるべき機能？

出掛ける間際、玄関で何かに気づいて部屋に戻ることはけっこう多い。

また玄関に入った瞬間にやりたいこともある（テレビつけたり、音楽つけたり）。

そう考えると、**玄関はもっと高機能化されるべきだろう。**

個人的には玄関に携帯電話を置けるようにしておいて、携帯にかかってきた電話は家の電話でとれるといいな、と思う。

047
アイデア

まくりシャツ

邪魔にならない服？

暑いなぁ、っていうときにシャツの袖をまくるのが面倒くさい……。

（投稿　匿名希望さん）

自動的に袖がまくれるシャツとかジャケットとかあったら便利そう（少なくとも笑える）。

ラーメンを感知すると巻き上がるネクタイとかも便利かな。

邪魔にならない衣服、というコンセプトは悪くない。

048

アイデア

ワイヤレスホームロック

一度にまとめて！　が基本です

車のワイヤレスオートロックのように家中の鍵が一度にすべてロックできるキーがあるといいな。

携帯電話で番号を入力して発信するとすべてがロックできるようになれば、なおサイコーです。

（投稿　マサミホさん）

急いで家を出たあとに電車に乗る。しばらくすると窓をきちんと閉めたかが気になりはじめる。折しも外は雨模様。

まさかな、と思いつつ意を決して戻るとやっぱり閉まっていた……。

そんな経験ないですか？

思うに**鍵やセキュリティの類は一度にまとめてロックができるといいだろう。**

ほかにもアイロンやガス、水回りもすべてチェックしてくれて出かけるときに全部止まってほしいですね。

049

アイデア

引越しスタンプ

疲れない引越し、してみませんか？

引越しのときにその住所と自分の名前が書かれたスタンプを不動産屋がサービスしてくれるといいのに。

（投稿　匿名希望さん）

何かを売ったあとには、その売ったものによって顧客の生活がどう変わるか考えてみよう。

そうした視点からちょっと小粋なサービスが考えられそうだ。

はじめての車を買った顧客には、歩かなくなるから運動ができるようにトレーニングジムの入会を割り引いてあげたらどうだろう。

また、バッグを買った人は、それを自慢したいだろうから、自慢ポイントをまとめた小冊子をプレゼントするとか。

顧客の生活の変化を支援する、という発想はおもしろい。

050
アイデア

追跡番号

移転、移行をスムーズに！

「この電話は移転しました。新しい番号は……」のときに#を押すと新しい番号にかけてくれる、なんていうサービスがいいと思う。

（投稿　菅原さん）

新しい番号は登録されているはずなのでシステム的にはできると思うのだが。

番号案内の104にしてもそうである。せっかく番号を案内してくれるのだからその番号に取り次いでくれるとありがたい……。一度、電話を転送してくれるように頼んでみたが、断られた……。

次々と新しいサービスが出てくるなか、移転や移行、取次ぎに関するサービスはもっと出てきてもいいだろう。

あなたが最近乗換えたものは何だろうか（彼氏、彼女の乗換えにも何かマーケットがありそうだ……）。

051
アイデア

買い物チップ

出入り口でお待たせしません！

職業上、一年分の領収書貼りを行うが、これが面倒くさい。買ったものを記録するチップがあれば、税務申告ではとても便利。レジで急いでいるとき、前の人が領収書を要求することによるイライラもなくなります。

（投稿　中込有美子さん）

レジや受付などの出口や入口で人がもたついているとイライラする。

出口や入口はどこかに行こうとする移動の途中であるからだ。

混雑している出入り口ではどんなことが起きているだろうか。

たとえばスーパーなどで、レジで並んでいるあいだに買ったものの合計金額が分かるような仕掛けがあるといい。それがあれば、いざレジの前に来たときに小銭を探してモタモタすることがなくなるだろう。

052
アイデア

タイヤ成長

使えば使うほど強くなる？

走ると自動的に空気が補充される自転車のタイヤ、ってあると便利だよな。
パンク知らずタイヤ。

（投稿　こばKさん）

使えば使うほど疲弊する。
そんな常識を覆すような製品が今後はもっと出てくるのではないか。

海外ではその上を車が通れば通るほど補強されていく橋といったものもあるらしい。
ドリブルすればするほど空気が入っていくバスケットボール、書けば書くほどインクが生成されるペンとか、そういったものって、じゃんじゃん出てきてほしいな。

053

アイデア

脱皮靴

はがすのって気持ちよくないですか？

靴の底が汚れたときにペラリとはがせてきれいな面を出せたらいいと思います。

と、いいますのも私の駐車場に毎日よその犬がウンコをするのですが、夜などは気をつけていても踏んでしまいます。そのあとに気づかず車に乗ってしまうと地獄のようです。野良犬にウンコをするな、というのも無理な話ですので、何とかしたいと思っております。（投稿　山宮さん）

切実なお気持ちが伝わってくる投稿である。

靴以外にも汚れるものはたくさんある。

汚れを掃除するのではなく、はがすだけでいいようにする。

そんなことを考えてみてもいいのかも。服とか、食器とか、車とか。

054
アイデア

お風呂のフタ

自動的に収納されるようなお風呂のフタがあったらいいな。
私の家の風呂場は狭いので、いつも置き場所に困ります。

（投稿　ゆーじさん）

ただのフタではありません

お風呂のフタは、あんなに大仰でなくてもいいだろう。
特に寒い冬の日などはすぐお風呂に入りたいのにフタがあると面倒でたまらない。
もっと簡易なお風呂のフタはないだろうか。
もしくは逆転の発想で、フタにもっと多くの機能をつけてみてもいいだろう。
入浴剤が収納できたり、本立てになってお風呂でも読書ができたり。

055
アイデア

速乾タオル

一回使うとしばらく使えない、では困る!

すぐに乾くタオルが欲しい。
それがあれば旅行のときでもバスタオルがかさばらないですむ。
(投稿　青井堅さん)

タオル以外にも、**一定時間使ったら一定時間使えなくなるものはほかにもある。**

そんなものをいつでも使えるようにできたら便利だろう。

洗濯不要でいつまで使っていても不快感のない下着や靴下、しぼらなくても使い続けられる雑巾、居酒屋なんかで一回も取り替える必要のない取り皿。

そんな仕組みをつくるにはどうしたらいいだろうか。

056 アイデア マップチラシ

今夜の食卓が目に浮かびます！

お店の見取図を、アトラスふうの番地つきで、チラシに載せてほしい。〈砂糖A5〉のように表示されていれば、迷わず砂糖売場に直行できるのに。

（投稿　のりくん）

どこに行ったらいいか分からないときには地図が便利だ。

もちろん店内に案内図がある場合も多いが、中規模の店ではなかったり、そもそも案内図がうまく見つからなかったりする。

やはり地図は手元にあるべきである。

ショッピングカートや買い物かごに売り場の案内図が貼ってあれば便利だと思うのだが。

また店内に限らず、携帯電話に〈地図ボタン〉がついていて、どこにいてもボタン一発で周りの地理が分かるといいな。

057

アイデア

写香機

保存できなかったアレが保存できます！

匂いをそのまま残してくれる写真機のようなものがないかなぁ。

（投稿　はとさん）

世の中には保存できないと思われている種類の情報がある。

そうした情報をなんとか記録、再生できるような仕掛けがあると、新しい製品やサービスがつくれそうだ。

やる気があったときの気分を保存しておいて、いつでも取り出すことのできる〈やる気レコーダー〉なんてどうだろう。映像や音声を駆使すればなんとかできそうだ。

あなたの周りの〈保存できない情報〉とは何だろうか。

058
アイデア

シャワー星人

しゃべれる家具が楽しい毎日を演出！

頭を洗っていて両手がふさがっているときに、「もうちょい熱く」とか「もっと勢いよく」とか「止めて」って口で言うと反応してくれるシャワーが欲しい。

しかも、熱すぎて「もっと冷たく！(怒)」なんて言った場合には「ごめんごめん」と謝ってくれたりすると和むかも。

(投稿　なかにっちゃんさん)

この家具がしゃべれるようになったら、と考えてみると楽しいだろう。

「おいおい、最近運動不足なんじゃないかい？」と言ってくれる体重計付ソファとか、「早く閉めてくれないかな……」と言ってくれる省エネ機能付冷蔵庫だとか。

「もっとこういう本を読んだほうがいいんじゃないかな」と教えてくれる、スマートな書棚とかも欲しい。

059
アイデア

プチ転職

テレビで見る有名人。
一回でいいから彼らの生活を体験してみたい。
（投稿　匿名希望さん）

あの職業をプチ体験できますよ！

仲がよかった同級生も社会人になると違った職業で違った道を歩みはじめる。結果として違う職業の人とはだんだん話が合わなくなっていく。実に哀しい現実だ。

そこで**自分の職業とは違う職業を軽く体験できる、〈プチ転職体験テーマパーク〉はどうだろう。**好きな職業を好きな時間だけ体験することができるテーマパークだ。もちろんちゃんと研修もしてくれる。

そんなテーマパークで同級生の職業を体験できれば、もう一度仲良くなれるだろう。また、就職に悩んでいる学生や、転職を希望している人にもこのテーマパークは役に立つはずだ。

060

アイデア

カラオケ本

どこまで終わったかが一目で分かる!?

読んだところの色が変わっていく、カラオケの歌詞みたいな本がなかろうか。

(投稿　匿名希望さん)

しおりはページ単位でしか自分の途中経過を把握できない。

でも本当に把握したいのはどの行まで読んだか、である。

カラオケにしろ、本にしろ、作業にしろ、**どこまで何が終わったかを細かく記録する仕組みが必要だ。**

磨いたところが分かる歯ブラシとか、掃除したところが分かる洗剤だとか、知らない街ですでに歩いた道が分かるナビゲーションシステムだとか。

#002：あなたのアイデアを投稿する！

もしあなたが『日常の諦めている不便利』を思いついたら公式サイトに投稿してみよう。

もしかしたらあなたの投稿にコメントがついて、商品化できるようなアイデアになるかもしれませんよ。

01

『起業・企画・営業・雑談のネタは日常の諦めている不便利から』公式サイト（http://www.fubenri.com/）に行き、右側のメニューから「投稿してみる」をクリックしよう。

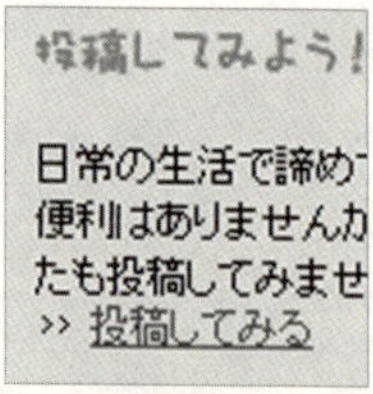

02

投稿用のフォームが現れるので、必要な項目を記入して〈投稿する！〉ボタンを押そう。

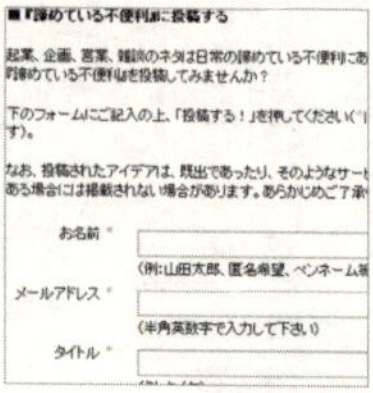

03

投稿されたアイデアがサイトに掲載されるのを楽しみに待っていよう！

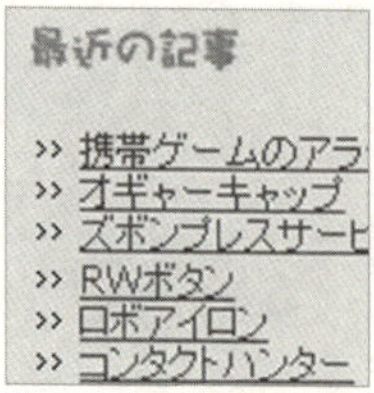

起業・企画・営業・雑談のネタは
日常の諦めている不便利から

Part 3
061-090

061

アイデア

カラオケまわし

好きなところだけ取り出しましょう！

新曲の練習をしにカラオケに行ったとき、巻き戻しやサビの頭だしができるとわざわざ最初から歌わなくていいのに。

（投稿　長谷川さん）

ホームページの登場で人は〈斜め読み〉が習慣になってしまったらしい。

情報から情報へたったワンクリックで行けるようになったため、あまり辛抱強くなくなってしまった。自分の好きなところだけを使ったり楽しんだりしたいのだ。

斜め読みのように好きな部分だけ歌えるカラオケ。同様に自分が好きそうな部分だけ見せてくれるテレビ。自分の好きなところだけプレイできるゲーム。

そんな〈斜め読み〉**コンセプトの製品やサービスに人気が出てくるのかも。**

062
アイデア

ブックラバー

読書の生産性が大幅アップ！

本を読んでいて辞書を引く、メモをする、検索する、購入する。

知的作業である読書をするときは、同時にいろいろなことがしたくなる。脳が刺激されるからだ。

読書中にそんないろいろな作業をすぐにできるような仕掛けがあるといい。本自体やブックカバー、しおりにそんな仕掛けを仕込むとしたら、どんなことが可能だろうか。

ブックカバーに電子辞書がついていると原書などを読むときに便利。

（投稿　匿名希望さん）

063
アイデア

計算機付き財布

リアルタイムに生活費を計算？

以前、家計簿をつけようと何度もトライしたのですが、いつも計算が面倒くさくて途中で挫折します。そこで、財布にちょっとした計算機（項目なんかも入れられるもの）がついていたら、買い物をして財布からお金を出し入れするときに、ささっと計算できて便利だなぁと思うのですが。

（投稿　ジョン助さん）

しばらくお小遣い帳をつけていたがとんでもなく面倒でやめてしまった。

財布自体にセンサーがついていて、何が入って、何が出たかを自動で記録して教えてくれるといい。

自動販売機のセンサーを応用すればできるのではないか、と思うのだが。

財布に限らず、**何かが出し入れされるものはその出し入れされたものを自動で管理できるとおもしろいのかも。**

ゴミ箱とか冷蔵庫とかね。

064
アイデア
外からエレベーター

一目で中身が分かります!

どちら側に階数のボタンがついているかが外から分かるエレベーターが欲しいです。

(投稿　おおたにさん)

実際に中に入ってみたり、開けてみたりしないと、中の様子が分からないものはほかにもありそうだ。

そうしたものの中の様子を外から見られるような仕組みが欲しい。

プレイヤーに入れなくても中に何が入っているか分かるディスクやテープ、外から分かるバーや居酒屋の混雑状況、味見しなくても分かるパスタのゆで具合だとか。

065
アイデア

スポーツ飛行機

移動時間も動きましょう！


長旅をするとき、移動はとにかく疲れる。乗り物に乗っているときは、椅子に座りっぱなし。これを何とかしたい。スポーツをしながら移動したり、カフェにいるような感覚で移動できないだろうか？

豪華客船飛行機版なんていいかも。料金は多少高くなるかもしれないけど、狭い空間に一二時間も押しこまれているよりましかも。


（投稿　中込有美子さん）


移動時間は誰かにじゃまされることがない。したがって普段できないようなことをまとめてやってしまいたいものである。

普段できていないことの筆頭は運動、という人も多いだろう。移動時間にこそ走ったり、筋肉トレーニングをしたいものだ。

また同じように考えている人と移動時間中、一緒に運動を楽しんでもいいだろう。

スポーツができる電車や飛行機、というコンセプトは悪くない。

066

アイデア

皿まさし

お皿をさらに便利にする？

お皿って昔から進歩がない（技術的に）。

伸縮自在のお皿とか折りたたみ式お皿とか、形状記憶皿とかなかろうか。

（投稿　匿名希望さん）

一番困ってしまうのが、レストランなんかでテーブルがお皿でいっぱいになってしまうときだ。

のっている料理の量に応じて大きさが変わってくれないだろうか。

あとは保温（保冷）機能がついていると料理が冷めずにすむ。もしくは会話が止まったときにちょっとした小話をしてくれるお皿とかどうだろう。隣のテーブルから漂ってくるタバコの煙に文句を言ってくれたら最高だ。

食事にまつわる不便利、気まずさを解決するためにお皿は使えるのかも。そんなふうに考えてみたらお皿には何ができるだろう。

067

アイデア

一発鏡

壁を最大限活用する？

ボタンを押すと壁の一部が鏡になります、っていう仕掛けがあると素敵かな。

（投稿　匿名希望さん）

狭い日本だからこそ壁は有効に活用したい。**壁にどんな新しい用途を付け加えられるか、もう一度考えてみてもいいだろう。**

プロジェクターを使ったディスプレイは当たり前として、鏡、スピーカー、照明、ベッド、冷暖房、マッサージ機、話し相手、などなど。

個人的にはあたかも隣の部屋があるように見せてくれる壁があると部屋が広く感じられていいと思うのだが。

068

アイデア

座席アップ

目線のずれが会話のずれ

二人で電車に乗り、一人だけが座れたときは会話がしにくい。
座ったほうの座席がぐぐっとせり上がって同じ目線で会話できればいいのに。

（投稿　匿名希望さん）

同じ目線で会話ができるとコミュニケーションがスムーズになる。

目線が合わないときに合わせられるような仕組みがあるといいのかも。

エスカレーターで低い段に立ったほうがせり上がれるとか。大人と同じ目線でしゃべることができるように高さを調節できる子供用の靴だとか（これはちょっと嫌かな……）。

これらは冗談として、〈友達と視線を共有できるメガネ〉はどうだろう。それができたら遠くにいても一緒にショッピングしたり、旅行したりできそうだ。

069
アイデア

自動めくり

意味のない日付はもう要らない！

日めくりカレンダーを物理的にめくってくれる機械があるといいなぁ。

（投稿　匿名希望さん）

時がたつと意味がなくなるものはカレンダー以外にもある。

そうしたものが自動でなくなってくれると便利だ。

新聞、有効期限つきのクーポン、イベントのお知らせ、郵便の宛名……などなど。

そのようなものが自動で捨てられたり、消えたりする仕掛けはどうしたらつくれるだろうか。

070

アイデア

ペン型スキャナー

ふと浮かんだアイデアを逃さない！

本を読んでいて分からない単語に出会ったとき、ペンみたいなものでなぞって簡単にそれを残しておけたらいい。

読み終わるときにはもう忘れてるし、メモをとりたくても先が気になってどうしても機を逃しちゃうんですよね。

印象的な表現とかもなぞってとっておけたらいいいな。

（投稿　小結さん）

ボイスレコーダーは気軽にアイデアを吹き込むのに便利だが、それと同じことを書籍でもできたらいい。

気軽に気になる表現をなぞれば保存ができる。もちろんパソコンにつなげることもできる。

ボイスレコーダーでもいいのだが、音声に比べて画像のほうが一覧性もある。何よりボイスレコーダーに一人で語りかけるのは恥ずかしい。が、なぞるだけだったら平気だ。

ふと浮かんだアイデアを、機を逃さず簡単に保存する方法をいろいろ考えてみてもいいだろう。

071
アイデア

電車モード

携帯の電車モード。
「ただいま電車に乗っているため電話に出られません。しばらくしてからおかけ直しください」とアナウンスしてくれる。
ドライブモードよりよっぽど必要だと思うけど。

（投稿　たかさん）

自分のモードを知らせる！

電車ではいっさい電話に出ないことにしている。悪いなぁ、と思うのだが、しょうがない。というわけで携帯電話のドライブモードならぬ電車モードには大賛成だ。

そう考えると〈電車モード〉以外にもクリエイティブな携帯電話のモードは考えられそうだ。〈会議中モード〉、〈取り込み中モード〉、〈食事中モード〉、〈もう寝ちゃったモード〉など。そういった**モードの切り替えがすごく簡単にできるといい。**

こちらの〈モード〉が分かれば相手もすぐかけ直すべきか、しばらく待つべきか、メールにするべきか、が分かるだろう。

072 アイデア

ごみスプレー

ゴミを集めてシュー！ っとスプレーするとゴミ袋がそれを包み込む、なんてのがあればいいなぁ。あとはポイと捨てるだけ。

（投稿　匿名希望さん）

〈入れる〉より〈包む〉？

ゴキブリを泡で包み込む、という製品もあるが、あの発想はほかにも活かせるだろう。

速乾性のある泡みたいなものでゴミを包み込むことができれば素敵だ。

ついでに包み込んだものを分解する作用なんかがあると最高である。犬の散歩途中のフンを泡で包むと臭いが消える、というのはどうだろう。

一般的に〈入れる〉よりも〈包み込む〉という作業のほうが楽である。何かを何かに入れるときには、これって包み込めないだろうか、と考えてみるといいのかもしれない。

073
アイデア

環境花火

捨てておいても大丈夫？

花火は楽しいが、ロケット花火のように飛んでいってしまうものは、環境にはちょっとよくなかったりする。そこに放置していても自然に土に還るような花火がないだろうか。

（投稿　匿名希望さん）

使ったらきちんと捨てる。しかしそれが往々にしてできていない。だったら、捨てる必要のないもの、捨てておいたほうがいいもの、といったコンセプトの商品があればいい。吸い終わったあと、自然に土に還るタバコなど開発できないだろうか。ポイ捨てをやめさせることももちろん必要だが、こういったアプローチも考えられるのではないだろうか。また、空き缶もなんとかしたい。空き缶を入れればいくらかのお金が出てくる〈逆自動販売機〉を設置する、といったアイデアも考えられる。

何かをさせない、ではなくて、そうしたままでも大丈夫なようにする。ちょっとした発想の転換が大きな違いを生むのかもしれない。

074
アイデア

身体予想ビデオ

結果をビジュアルで見せてくれる？

これだけ運動して三ヵ月したらこんな身体に！
運動しなかったらこ～んな身体に！
ビジュアルに見せてくれたらもっとやる気がでるだろうな。

（投稿　匿名希望さん）

「敗者は失敗したときの罰則を視覚化し、勝者は成功したときの報酬を視覚化する」という言葉をきいたことがある。

ダイエットにしろ、仕事にしろ、**途中でやる気がなくなってしまうのは成功のイメージが足りないからだ。**

自分の成功イメージをビデオでつくってくれるサービスなどはどうだろう。

やせている自分、ばりばり仕事ができている自分、ゴルフが上手になった自分。そんな自分を映像で確認できれば成功に近づいていくことができるだろう。

075
アイデア

直感クレジットカード

クレジットカードの残高に応じて重さが軽くならないかなって思ったりします。普通の財布なら、お金が少なくなると財布が軽くなるので、「今夜は飲みに行くのを控えよう」と思えるのですが……。
（投稿　足立さん）

軽い、重いが教えてくれるコト

重さによって情報を伝える、という発想はどうだろう。

量や質、程度を、重さというインターフェースで伝えられるとしたら、どういったシーンで活用すべきか。

財布が軽い、などの「軽い、重い」が含まれる言い回し、ことわざをそのまま実現できたら直感的でいいだろう。

雰囲気が重いときは重力が加えられる会議室とか……。

076
アイデア

ツボ探知ピップ

手の届かないところに手が届く？

自分でツボを探し出して、ピンポイントに貼りついてくれるピップエレキバン。

（投稿　池ポンさん）

自分では見えない部分や、鏡を見ながらでないとうまくいかない部分の操作がうまくできるといい。

背中のかゆい部分を自動で探り当ててひっかいてくれる孫の手、白髪を自動で検出して抜いてくれる毛抜き、どんな貼り方をしても中央部分が傷口にぴったりと貼りついてくれる絆創膏、などなど。

077
アイデア

サスケ傘

混雑を解消する⁉

人通りの多い所で、人にぶつからないように傘が自動的によけてほしい。

（投稿　物語さん）

混んでいるところ、人通りの多いところでは自分の思ったように歩けない。特に雨が降っていると大変だ。

人ごみの中でも自分の思うように移動するためにはどんなことが可能だろうか。よく混む通路では、「速く歩く人」「ゆっくり歩く人」で違うレーンを設けるというのはどうだろう。人はそれぞれ歩きたいペースが違う。このようにレーンが分かれていれば多少なりとも混雑を緩和できるだろう。満員電車もちょっとした工夫で乗り降りがスムーズにできそうだ。乗りたい人、降りたい人、降りたくない人がひしめきあうから混雑するのだ。行き先別に車両が別れていたり、すぐ降りる人、すぐ降りない人で車内の場所が分かれているといいのかもしれない。

078
アイデア

応答シール

財布や鍵などなくしたら困るものに貼れるシール。モニターでどこにあるかチェックできるようだといいな。一枚一〇〇円くらいだと、いいな。

（投稿　サメさん）

見つからないものを見つける？

すぐに出かけなくちゃいけないのに鍵がない！　という経験をした人は自分だけじゃないはずだ。

こうしたものはつまり視界から消えやすいということだ。**目で見て探せないなら視覚以外の刺激で探せるべきだろう。**

携帯電話で特定の番号を押すと鍵やらリモコンやらが鳴る、呼ぶとリモコンが返事してくれる、といったアイデアは有効だろう。

今度何かを探すときには、音や香り、振動などで知らせる仕組みを考えてみよう。あなたがなくしやすいものはなんだろうか？

079
アイデア

栽培貯金

いいことするとお金が貯まります!?

硬貨を入れると育つ植物が入っている貯金箱なんてのはどうだろうか。水をやらなきゃいけないように、硬貨を投入。もちろん、まったく入れてないと枯れていく……。

（投稿　関沢さん）

貯金はいいことだと分かってはいるのだが、なかなか続かない。

この植物のアイデアのように、**もっと直接的な、その場で実感できる〈いいこと〉が貯金と組み合わせられるといいだろう。**

あなたが幸せを感じること、嬉しさを感じること。それを貯金と組み合わせてみるとどんな製品やサービスが考えられるだろうか。

お金を入れるとその日の楽しいニュースを表示してくれる貯金箱、お金を入れると一つ英単語を教えてくれる貯金箱、などなど。

080
アイデア

錠前貯金

生きているだけでお金が貯まる？

一〇〇円入れないと鍵が開かないドアとかあるといい貯金ができそうだ。

（投稿　匿名希望さん）

前頁に引き続き貯金ネタ。**どうせ貯金をするならば、着実に貯まっていくように毎日必ず行う行為に結びつけたらどうだろう。**

玄関のドアを開けるために貯金、トイレのドアを開けるために貯金、水を出すために貯金、靴を履くために貯金……。

そんなふうに考えてみるとさぼりがちな貯金を日々の習慣にできるだろう。

また貯金に限らずさぼりがちな〈運動〉にも応用できそうだ。握力計を一〇〇回握らないと開かない玄関とか……。

081

アイデア

絶叫ファックス

電話にファックスが何度も送られてきたとき、相手のファックスに「こっちはファックスじゃないんだ！」と言うことを納得させられたら便利だと思う。

（投稿　Zackyさん）

話が通じない相手と話す？

ボタン一発で「こちらはファックスではありません」の信号を送れるべきである。

また、電話をとったらいきなり英語で話しかけられてしまったとき、ボタン一発で「英語での対応をご希望の場合、○○○○－○○○○までおかけ直しください」と英語で言ってくれると便利。

会話が通じない、というシーンにはビジネスのチャンスが隠されている。最近会話で困ったのはいつだろうか。

082
アイデア

美容キーボード

もうおしゃれを諦めなくていい⁉

爪をかなり伸ばしていてもらくらく打てるキーボードが欲しい。

広告のコピーに「もう美しい爪を諦めなくてもキーボードが打てます」とあったら絶対に買います。

（投稿　関本さん）

美容やファッションのために機能性を犠牲にしている女性は多い。

そう考えると「美容やファッションを犠牲にせずに使えますよ！」というメッセージが打ち出せたら女性に人気が出そうだ。

マンホールやくぼみに絶対はまらないヒール、らくらくまばたきできるマスカラ、何を食べても乱れない口紅などなど。

083
アイデア
変形枕

寝ているときにいろいろしてくれます！

寝ているときに姿勢に応じて形が変わってくれる枕。横を向いたら高くなって、下を向いたら穴が開いてほしい。

（投稿　新井雅子さん）

寝ているときや休憩しているときは基本的に動きたくないモードである。

そうしたときにいろいろな作業をしてくれるサービスや製品があったらいい。

寝ているあいだにこんなことまでしてくれて極楽、極楽。そんな演出ができたらみんな衝動買いしてくれそうだ。

夜に通り雨がきても自動で窓が閉まってくれたり、ちょっと休憩のつもりで寝たくなったら靴下を自動で脱がせてくれたり。

084
アイデア

抱かれ枕

「する！」のではなくて「される！」

〈抱き枕〉から〈抱かれ枕〉へ。**商品名を能動態から受動態に変えるだけでも発想が刺激されそうだ。**

布団を自分でかけるまでもなく、床に入ったらおおいかぶさってくれる、〈掛け布団〉ならぬ〈掛けられ布団〉。口に含むと中でしゃこしゃこ動き回って勝手に磨いてくれる〈歯磨き粉〉ならぬ〈歯磨かせ粉〉。いかに話すかではなく、いかに聞くかの技術を学ぶ〈話し方教室〉ならぬ〈話され方教室〉。

受身の言葉で発想してみるとどんなアイデアが浮かんでくるだろうか。

抱き枕の反対。大きな腕でだっこしてくれるパンダやラッコのぬいぐるみ、欲しいなあ。

（投稿　西形涼子さん）

085
アイデア

広告マスク

街頭で何が配られるべきか？

よく駅前でティッシュは配っているけど、風邪の季節や花粉の季節には、内側にミニ広告を入れたマスクを配ってくれるとうれしいなぁ。

（投稿　はとさん）

鼻水は不快である。だからこそ人はティッシュを使う。そして使うからこそ広告が入る。

そう考えると、**不快感や苦痛を緩和してくれるようなものに広告を入れて配れば効果的であることが分かる。**

夏の暑い日に汗をふき取ってくれるあぶらとり紙、寒い日にあるとうれしいカイロ、ひび割れた唇が我慢できない日のリップクリーム。

そうしたものに広告を入れて配ってくれてもいいのでは。

086
アイデア

マイ壁紙

ワンルームとかの賃貸の壁紙って、どうせ毎回張り替えるのだから、次の入居者が自由に種類を選べるシステムがあったらいいのに。

（投稿　こやっちさん）

今までで最高の引越しでした！　と言わせるために

引越しはたまにしか行わないので「まぁ、いっか」となりがちだが、諦めている小さな不便利はけっこうある。

引越しにまつわる不便利を解決するにはどうしたらいいだろうか。

引っ越す前に一日体験入居できれば周りの騒音度合いが分かっていいだろう。電話や水道などの移転手続きも代行してほしい。また、物件情報に過去住んだ人のコメントなどもあれば最高だ。

そんな不動産屋さん、ないかなぁ。

087
アイデア

メイクシート

ファンデーションやほお紅、アイシャドウがプリントしてあるパック。顔にかぶせると、肌になじんで一分で完璧なメイクが完成。

（投稿　新井雅子さん）

朝の準備は一分以内にすませるぞ！

朝はゆっくり余裕をもって支度をしてから出社いたしますわ、という人にはとんとお目にかかったことがない。

朝はあわただしいもの、と相場が決まっている。

そう考えるとお化粧に限らず**瞬時に朝の支度ができるような商品は人気が出るだろう。**

一瞬でひげを溶かしてくれるジェル、今日のニュースを印刷してくれるトイレットペーパー、絶対一回で結べるネクタイ、などなど。

あなたの朝の作業には何があるだろうか。

088
アイデア

歯医者コミュニケーション

しゃべれないのに……

歯医者に行くと、こっちはしゃべれないのに「痛いですかー」「大丈夫ですかー」などと平気できいてくる。なんとかならないだろうか。

（投稿　大橋さん）

人は会話する生き物である。

そう考えると、**どんな状況においても会話がスムーズにできるような仕掛けがあるといいのかも。**

しゃべっても絶対落ちないタバコとか、プールや海の中でも使える携帯電話とか、つけていても明瞭に音声が伝わる花粉症のマスクとか。

089
アイデア

素敵改札

毎朝の小さな楽しみを作ってみよう！


ある一定の確率で当たりが出る自動改札。

当たった人は初乗り料金が無料＆今日は運がいいんだという楽しい気持ちに。

無表情の朝が少し変わるかも？


（投稿　大串秀夫さん）


どの世界においても懸賞という仕掛けは好かれるものである。

いまだに懸賞がないような世界に懸賞の仕組みを組み込むとしたらどんなことが可能か、考えてみるといいのかも。

懸賞付おしぼり、懸賞付エレベーター、懸賞付ボーリングの貸し靴、懸賞付ワインのコルク……。

090
アイデア
伸び爪

朝、家を出て五分たったところで爪が伸びていることに気がつくと、一日それだけでやる気がなくなる（ってことないですか）。

爪きり時期を教えてくれるサービスとかってなかろうか。

（投稿　匿名希望さん）

今日の気分を決める小さなこと？

ある程度爪が伸びると明らかに爪の色が変わる薬とかあるといいのかも。

爪からメールが来る、というのもちょっとかわいい。「ねぇ、そろそろじゃない？ あなたの小指より」とか。

爪のように小さなことなのだが、**その日の気分を決める小さな要素はほかにもあるような気がする。**

そうした要素を管理する仕組みはもっとあってもいいだろう。

#003：アイデアにコメントする！

公式サイトを見ていて「あ、これならこういうアイデアもある！」、「こういう製品で解決できるんじゃない？」など、思うところがある人はコメントをつけることができる。

インターネットのセオリーである〈情報は発信する人に最も集まる〉のとおり、コメントをつけることで新しい知識やアイデアが得られるかもしれませんよ。

01

『起業・企画・営業・雑談のネタは日常の諦めている不便利から』（http://www.fubenri.com/）を見て、別のアイデアやコメントを思いついたら、投稿の下にある〈コメント〉をクリックしてみよう。

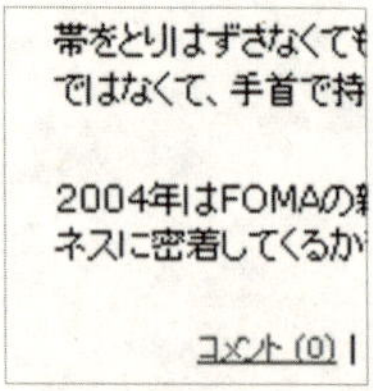

02

コメントを記入できる画面が現れるので必要事項とともにコメントを書き込もう！

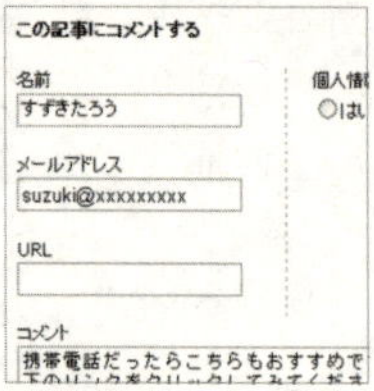

03

ほかの人があなたのコメントにもコメントしてくれるかもしれません。ちょっとでも言いたいことがあったらどんどんコメントしてみましょう！

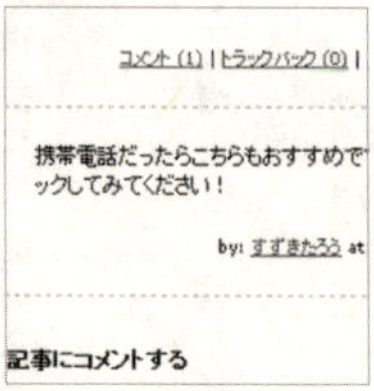

起業・企画・営業・雑談のネタは
日常の諦めている不便利から

Part 4

091-120

091
アイデア

冬着替え

ちょっといい話を演出してみよう！

寒い朝に今日着ていく服を暖めてくれるウォーマーとかないですかね。

（投稿　小賀さん）

暖房機能つきハンガーやクローゼット、靴箱などがあるといい。

そんな製品からは豊臣秀吉が織田信長のために草履を暖めた、というエピソードを思い出す。**そうした〈ちょっといい話〉には人の心をあたためる、新しいアイデアが潜んでいる。**

史実や物語の中で、あなたの知っている〈ちょっといい話〉にはどんなものがあるだろうか。

それと同じような体験をあなたの製品やサービスで演出するとしたらどういうことができるだろうか。

092
アイデア

聖みかん

みかんの皮をむくとき、微妙に汁が飛び散って手も机も汚れてしまう。皮を改良したみかんができるといいなぁ。

（投稿　はとさん）

あなたの手はいつも綺麗ですね？

手が汚れると集中力や作業がとぎれてしまう。**手を汚さないためにはどんなアイデアが考えられるだろうか。**

取り替えるときにほこりが手につかない蛍光灯、手がべたつかないように食べることのできるピザ（作業しながら食べることが多いし……）、指が黒くならない新聞。手が汚れないポテトチップスなんかもいいな。

あと、細かいのだけれど、カステラの裏の紙がもっときれいに取れるといい。いつも指がべたべたしてしまう。

093
アイデア

ひょいひょい袖

手品の仕掛けを活用した製品？

「鼻水が〜」というときに袖口からひょいとティッシュが出てくるといいいな。

（投稿　匿名希望さん）

しかも人の目につかないように隠れて出てくるといい。

かつ、用がすんだら見られないようにひゅっとひっこんでくれる。

そんな手品のような仕掛けは人に見られたくない作業をするときに便利だろう。

たまには手品ショーや手品用品を調査してみよう。あっと驚く製品やサービスが思いつくのかもしれないですよ。

094

アイデア

寝覚まし

ちょっといやだなぁ、と思えるものを活用する⁉

「蚊が耳のそばで飛ぶような音」を作り出す目覚ましがあれば絶対に起きられると思う。寝覚め悪いかもしれないが……。

（投稿　shinjiさん）

人が嫌がる音や感触を逆手にとるとなにかうまい仕組みができるのかも。

アルミホイルを噛んだような感覚が味わえる眠気覚ましのガム、持ち主以外の人が開けると軽く電流が流れる金庫、仕事中に不適切なウェブやメールを見ると黒板を引っかいたような音が鳴り響くパソコン……。

どれも嫌なものばかりですね……。

095
アイデア

ハイテクグラス

バーのグラスにできること？

今飲んでいるお酒のアルコール度がグラスに表示されるといいな。

（投稿　匿名希望さん）

同時に目薬とか入ってないか表示されると未然に犯罪を防げるだろう。
またカクテルなどはカクテル名も表示してくれると話がはずむ。

聞いた話によるとグラスの残量を感知して次のお酒が必要になったら、自動的にウエイターを呼んでくれるグラスも研究されているようだ。

バーのグラスをハイテクにするとどんなことが可能か。グラスを傾けながら隣の人と話してみるといいのかも。

え、隣の人に話しかけてくれるグラスが欲しい？　それは自分でやりましょうね……。

096
アイデア

お行儀グラス

〈ちょっとしたミス〉はもうしない!?


絶対にビールの泡がこぼれないグラスがあるといいな。

ビールをピッチャーからつぐときに泡が多くなりすぎるのもなんとかしてほしい。


（投稿　匿名希望さん）


特に一杯目はビールにありつける喜びから急いでついでしまう場合が多い。

そんなときに泡をこぼしてしまったりすると、悪意はないのだが、なんだか相手を不機嫌にさせてしまう……。

それを防ぐために人はビールをゆっくりついだりする。そう考えると、**ミスが起こりそうなところで人はスローダウンする傾向があるのではないだろうか。**

あなたがスローダウンするタイミングを思い出してみると、ミスを防ぐ便利なサービスが思いつくのかも。電車に乗るとき、コップを置くとき、印鑑を押すとき……、などなど。

097
アイデア

下車駅アラーム

もう○過ごさない！

電車に乗っているとき、携帯に降りたい駅をセットしておくと、GPSか何かをうまく利用して、その駅に着くちょっと前でアラームが作動する。

居眠りや、集中して読書をしたいときに、乗り過ごしを気にしなくていい。

（投稿　ひなみやさん）

下車駅が近づくと振動で教えてくれる切符などはできないだろうか。

ほかにも「下車駅で起こしてくれたらこの席ゆずります」などの乗客同士で助け合う仕組みも可能だろう。

なにも電車に限ったことではない。いつも思うのだが、寝過ごし防止のためにモーニングコールを提供してくれる福利厚生などはなかろうか。

こうした**寝過ごし、乗り過ごしを防止するためのアイデアにはほかにどんなものがあるだろうか。**

098
アイデア

自分シャンプー

自分が使う分だけ一押しで出てきます！

ヘッド部分の長さを調節できて、一押しで自分が毎回使う量が出せると少し便利。

（投稿　長谷川さん）

容器にまつわる不便利はけっこうある。多すぎず、少なすぎず、必要な分だけ出せれば経済的だ。

洗濯物の量に応じて自動で洗剤を適量入れてくれる洗濯機、用途に応じて違う面積で取り出せるティッシュ、本当に必要な分だけ調整して入れてくれるコーヒーの砂糖、など。

日常の消耗品をちょっとずつ節約するにはどうしたらいいだろうか。

そんな視点で一日生活してみると新しい何かが発見できそうだ。

099

アイデア

予防添付ファイル

ついうっかり、とおさらばする方法？

添付ファイルを送るメールを、添付を忘れて送信しようとするときアラートが出ると助かります。

（投稿　垣田さん）

〈添付〉という文字が本文に含まれていたら、そういったアラートを出してくれると便利かも。

またイベントやミーティング告知の際、日付と曜日がずれていたら教えてほしい。

こうしたメールにまつわる〈うっかり〉はほかにもたくさんある。それらのヒントは自分や他人が出す〈お詫び〉メールにありそうだ。

〈お詫び〉で自分のメールボックスを検索してみるといいのかもしれないですね。

100
アイデア

納豆

納豆を食べるとき、袋に入っただし汁やからしが指先につかないように神経を使ってしまって朝から疲れる。イクラみたいなのに入っていて、プチプチつぶしてまぜまぜすれば、汚れないし、なんだか楽しいのに。

（投稿　玉田和久さん）

手が汚れない調味料？

だし汁やからしに限らず、手につきやすい調味料はこのような手につきにくい方式にしてしまうのがいいだろう。

とんかつのソースや、お寿司のしょうゆもこうなっていると食べやすいし、環境にもいい。

何より、梱包材の〈ぷちぷち〉のように食事に新しい楽しみが加わるだろう。

〈楽しい食事〉がコンセプトになる調味料や食器があるといいな。

101
アイデア

優しさ包装

つらいときでも思わず微笑んでしまう仕組み？

乱暴に扱うと「いた〜い」とか「やめて〜」とか声を出すダンボール箱や包装紙があったらいいのに。

（投稿　石原明さん）

忙しいなかでも優しさをもってモノや人を扱うことができる。

そんな能力が今のビジネスパーソンには求められている。

そのための仕組みとして何が考えられるだろうか。

「取り扱い注意！」の貼り紙を「丁寧に扱ってくれてありがとう！」に変えるだけでもちょっとした効果がありそうですね。

102
アイデア

虹ニュース

最近、運がいいんですよね

虹が出ていると知らせてくれるサービスが欲しい。

（投稿　今村勇輔さん）

たまたま起こる事象は、いつ起こるか分からないので価値が高い。

そうした**偶発的な事象が起きたときに教えてくれるサービスがあると幸せになれるのかも。**

上司の好きな球団が勝った翌朝、携帯メールでその旨を知らせてくれるとか、クジをもらったとき、ウェブかなにかで番号を登録しておくと抽選日に当たったかどうか教えてくれるとか、知り合いが新聞やテレビに出たら教えてくれるとかもいいな。

103
アイデア

お知らせブラシ

ここまでやったらおしまい！

歯磨き終了！ を音で教えてくれる歯ブラシがあるといいなぁ。

（投稿　匿名希望さん）

歯磨きに限らず、どこまでやればいいのか分からない、という作業はけっこうある。

そんなときに「もういいわよ」と声をかけてくれればとても楽になる。

洗っていて十分きれいになったら教えてくれるお皿やグラス。「このくらいでいいよ」と教えてくれる調味料。いっぱいになったところで音か何かで知らせてくれるタイヤの空気入れ。

そんな製品があったらいいな。

104
アイデア

扇風機『おーい』

向きを直す必要はありません!?

呼ぶと向いてくれる扇風機。移動してもつねに風があたる。

（投稿　はやせさん）

「おーい」と呼ぶとこっちを向いてくれる扇風機なんて素敵ではないか。

扇風機のように**方向性をもったサービスには方向調整が楽にできる仕掛けを考えてみよう。**

呼ぶと向いてくれるテレビや、呼ぶと今いる場所に対して音響を最適にしてくれるステレオとか、どんな体勢でもまんべんなく日焼けできるサロンとか、視線を感知して自動的に調整してくれる車のミラーだとか。

自分が方向調整のために手を伸ばすときはどんな場合だろうか。

105
アイデア

ばら色扇風機

風や空気には香りがつけられますよね？

扇風機の風に好きな香りがつけられると素敵かも。（投稿　匿名希望さん）

匂いは人の感覚に直接訴えかけてくる。となると、**匂いを加えることによって製品やサービスの効果を増大させられる仕掛けは考えられるだろう。**

涼しげな香りをふりまいてくれる扇風機やエアコン。ひんやりとした香りがついた水を使ったプール。木の香りがするフィルターのついた自動車のマフラー。そんな製品が考えられそうだ。

自分が扱っている製品やサービスに匂いの要素を取り入れてみる。そう考えるとどんなことが可能だろうか。

106
アイデア

注意ライター

分かっちゃいるけど、を分からせましょう

タバコに火をつけるたびに「今日、何本目ですよ」とカウントして教えてくれるライターがあるといいな〜。

（投稿　北海道・しーおー・じぇいぴーさん）

そのついでに、今月、今年の統計も教えてほしい。さらにライター同士が通信して、「友人の○○さんは今何本目です」と教えてくれると友達との禁煙努力もすすむのかも。

こうした仕組みは、タバコのように**分かっちゃいるけどやめられないほかのものにも効果的だろう。**

お酒をつぐたびに「今日は何杯目ですよ」とか、馬券を買うたびに「今日はいくら負けてますよ」とか教えてくれるといいだろう。

107
アイデア

夕刊クーポン

新聞を朝夕購読しているが、夜、家に帰ってからではなく、会社からの帰り路《みち》に読みたい。夕刊配達してくれなくていいから、会社のそばで夕刊と引き換えてくれるクーポン制にしてほしい。

（投稿　藤原隆一さん）

いつもと変わらないサービス

さらに旅行中でも新聞を届けてくれるサービスがあれば便利だ。

海外でもメールか何かで新聞が届き、ホテルの人に頼めば印刷してくれる、というサービスはどうだろう。

場所や状況が変わっても、いつもと同じサービスが受けられる仕組みは新聞以外にも考えられそうだ。

個人的には、どこにいても自分の好きなテレビ番組が見られるサービスがあるといいな、と思う。

108
アイデア

予防ジム

困ったことが起きないようにします！

保険会社とスポーツジムが組んで、月に何回かジムに行けば保険料が安くなる、とかなかろうか。

（投稿　関沢さん）

あるアメリカの保険会社では起きた事故のデータベースを構築し、「ここは事故が起きやすいですよ」という情報を定期的に契約者に提供しているらしい。

何か起きたときになんとかする、というよりも、何かが起きないようにする。

保険会社に限らず、そうした姿勢が重要だろう。

あなたの提供している製品やサービスによって解決しようとしている問題が、そもそも起こらないようにするためにはどんなことが可能だろうか。

109
アイデア

トランクフォーマー

最適化機能もついています？

旅行前の荷作りが面倒だ。トランクに全部入れると勝手に最適化してコンパクトに荷作りしてくれないだろうか。

（投稿　匿名希望さん）

荷物を放り投げれば、ガチャガチャいいながら噛み砕くように荷物がきれいに収まっていく……そんなトランクが欲しい。

トランクに限らず**最適化機能のついた容器や収納というコンセプトはなかなかいい。**

下着や靴下が勝手にたたまれる洋服ダンス、出しやすいように勝手にコインを分類してくれる小銭入れ、地域のルールに合わせて自動分別してくれるゴミ箱。

そんな製品があるといいですね。

110

アイデア

荷物とテーブル

ちょこっとした置き場所をつくる

ちょっとした荷物の置き場所があるととても助かる場合がある。

レジの前にちょっとした台があるコンビニもそうだ。財布を出すときに荷物を置いておけるのでとても便利だ。

電車の網棚も端のほうだけではなくて、中央にも列をつくってくれるといいだろう。

ちょっと荷物を置きたいなぁ。最近そう思ったのはいつだろうか。

駅のコインロッカーの側に、机が一つ置かれるようになると便利かと思います。

荷物が多いとき、地面に広げて整理するのは行儀が悪いですし、盗難や誤っての蹴飛ばしなど、安全面でも不安があるからです。（投稿　漣さん）

111
アイデア

蚊レーザー

見えない敵を撃退する！

蚊を撃退してくれるレーザーみたいなやつがあるといいなぁ。

（投稿　匿名希望さん）

「ブーン」という蚊の音ほどイライラするものはない。音はするが姿は見えず。

音がしないならまだいいが、音がするから気になってしょうがない。

そんな敵を自動で撃退してくれる装置が欲しい。

ごきぶりの「カサカサッ」を感知してレーザーで攻撃してくれる部屋とか、「ヒューン」と飛んでくる野球の球をはじいてくれる窓だとか、オフィス内でささやかれている自分への陰口に対して「そんなことないよ」と言ってくれる装置とか。

112

アイデア

従量販売機

使ったただけ課金する仕組み？

欲しい量だけ計り売りしてくれる自動販売機があるといいかも（ジュースやら、タバコやら）。

（投稿　匿名希望さん）

夏場のジュースなど、も、もうちょっとだけ欲しい、ということはよくある。また逆にそんなにはいらないよ、と思うこともある。

タバコは吸わないが、きっと同じことを考えているスモーカーもいるのではないかと思う。

自動販売機に限らず、アナログに計り売りしてくれる仕組みはおもしろいだろう。

床屋とかマッサージとか。最近の買い物を思い浮かべてそんなことを考えてみよう。

113
アイデア

開かず通帳

開けたり、閉めたりって何のことですか？

通帳を開かずに記帳してくれるといい。

（投稿　菅沼さん）

用を足すために開けて、また閉じる、というのは通帳以外にもあるだろう。

トイレのフタ（ちゃんと閉めよう！）、本、冷蔵庫、電子レンジ、などなど。

それらのものから**〈開ける〉とか〈閉める〉の動作を排除してみたらどうなるだろうか。**

そもそも扉はないが保冷効果がある冷蔵庫なんか実用化できたら素敵だ。

あなたがふだんの生活の中で開けているもの、閉めているものにはどんなものがあるだろうか。

114
アイデア

くっつき石けん

最後まで使いきる

石けんが小さくなるととても使いづらくなります。捨てるのももったいないし。次の新しい石けんにうまくくっつくようにならないだろうか。

（投稿　さきもりさん）

小さくなったからといって捨てるのはもったいない。最後まで使い切るための仕組みはもっと考えられるだろう。

電池などはその最たるものだろう。ちょっとずつ残っている電池をまとめて新しい電池をつくってくれればいいな。もしくはインクの少なくなったボールペンや小さくなった消しゴムなどもうまくまとめられるといい。また、古いパソコンを持ち込むと使える部品はそのままに、必要な部品だけ最新のものに交換してくれるサービスも欲しい。

たまに自宅やオフィスのゴミ箱などをのぞいてみると意外なヒントが見つかるのかもしれないですね。

115

アイデア

暗闇対応

どんなに暗くても使えます!?

暗闇でも操作できるリモコンってないだろうか。電気を消して映画など見ているときの操作がきつい。

（投稿　匿名希望さん）

リモコンに限らず、**ほとんどの製品は〈文字が読めるところで操作すること〉を前提にしている。**

暗いところでも操作できるキーボード、ゲームコントローラー、トランプ、雑誌、名刺などがあってもいいのでは。

暗闇の中にいて自分が電気をつけたいな、と思った瞬間を思い出してみよう。

どんなものが〈暗闇〉対応になるべきだろうか。

116
アイデア

びっくり目覚まし

驚きの目覚ましです！

最近、目覚ましに携帯を使っている人が多い。

いつも同じ曲だとついつい慣れてしまって気がつかなかったりする。

携帯がランダムに曲を選んでくれれば、びっくりして起きられるかもしれない。

（投稿　松本直也さん）

自分も含めて朝起きるのが苦手な人は多い。**普通の目覚ましではなくて、もっとクリエイティブな、起きたくなるような仕掛けがないだろうか。**

以前コンサートの拍手の音を目覚ましに使うと気分が盛り上がってすぐ起きられるという話を聞いたことがある。なるほど。ほかにも田舎の親が電話で目覚ましのメッセージを入れられるサービス（「まさる、朝だよ！」とか）があるといいのかも。また、朝一番で気分のいいニュースを読んでくれる目覚ましも悪くない。

朝、気分良く起きるためにはどんなことが考えられるだろうか。

117
アイデア

ものぐさドライヤー

調節不要のインターフェース？

乾いている部分には熱が弱まるドライヤー。

（投稿　にむさん）

ドライヤーに限らず、機能の強弱を調整できる家電、機器はたくさんある。

それらの強弱は状況に応じて使う人が判断して調整してください、ということであるが、それが自動でできればそれに越したことはない。

何かの強弱や程度を調整したときには、それを自動で行えないか考えてみよう。

体感温度に応じて風力を調整してくれる扇風機、周りの音に反応して自動で音量を調整してくれるテレビ、などなど。

118

アイデア

情報源検索エンジン

あの人の情報源は何だろう？

人の情報源はなかなかわからない。聞かないと教えてくれないし、下手すると教えてくれない場合もある。

そうした見えない情報源を見えるようにすると便利だし、知的生産やビジネスにも結びつくだろう（アマゾンの「この本を買った人はこんな本も買っています」でついつい本を買ってしまう人は少なくないはずだ）。

メルマガに限らず、このニュースを読んだ人はこのニュースも読んでいますだとか、このバナー広告をクリックした人はこのバナーもクリックしていますといった情報が欲しい。

情報源を共有する仕組みはどうしたらつくれるだろうか。

メルマガサイトにも、アマゾンにあるように「このメルマガを読んでいる人はこれも読んでいます」リストがあると情報を一気に入手しやすくなるだろう。

（投稿　長谷川さん）

119
アイデア

トイレットペーパー『順』

もう「向き」を気にしない？

トイレットペーパーの巻かれている向きを表示しておいてくれると、逆向きにはめてしまうことがなくなるのに。

（投稿　長谷川さん）

右か左か、上か下か、前か後ろか、生活の中でどちらの方向にどうすればいいのか、と迷うことはけっこうある。そのような迷いを排除してくれる製品があれば便利だ。

左右どちらからでも開けられる冷蔵庫がヒットしたのもそのせいだろう。

方向性を意識させせない家電や消耗品はほかにも考えられるだろう。

個人的には裏返しでもはける靴下がとても欲しい。電池のプラスとマイナスを気にしない家電製品もあったらいいな。

120
アイデア

何回トイペ

あと何回か……そんなスリルはもういらない！

歯磨き粉、シャンプーも同様だ。**どのくらいの量が残っているかは分かるのだが、あと何回、という回数は分かりにくい。**

一回の使用量を自動的に計測して平均値を割り出し、使用可能残回数を表示してくれるような仕掛けがあると便利だ。

あと何番組とれるか分かるビデオテープ、あと何日で読み終わるか分かる本、などがあればいいな。

トイレットペーパーに「あと何回使ったら終了」といった、使いきってしまうまでの予想期間がプリントされているといい。

いざというとき「買うの忘れてた！」ってことがなくなるから。

（投稿　川辺さん）

#004：メルマガにも登録しよう！

公式サイトはおもしろいけれど、新しい投稿があるかどうかいちいちチェックするのは面倒……。

そういう方にはメルマガ登録がおすすめだ（もちろん無料）。

メルマガでは日々投稿されるアイデアに加え、最近読者からつけられたコメント、そのほか楽しい情報なども配信中だ。

01

メルマガに登録したい場合は公式サイト（http://www.fubenri.com/）から〈メルマガに登録〉に行き、登録したいメールアドレスを入力、〈登録〉ボタンを押そう。

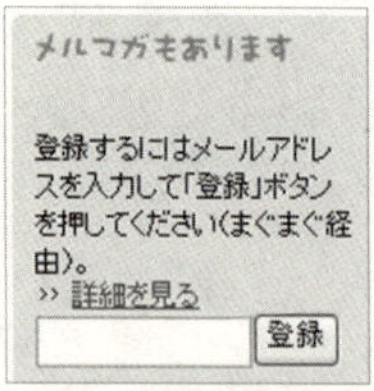

02

するとメルマガに登録されるので、あとはメールが来るのを待つだけだ。

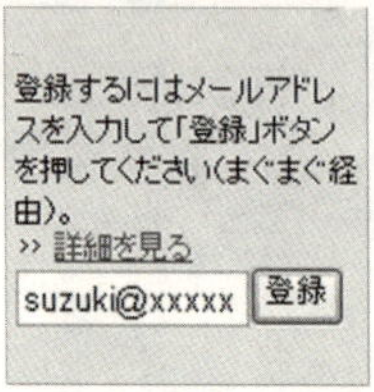

03

これでいちいち公式サイトに行かなくても、新しい『日常の諦めている不便利』が掲載されるたびにメールが届くのだ。

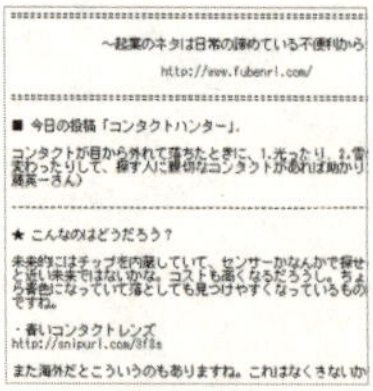

起業・企画・営業・雑談のネタは
日常の諦めている不便利から

Part 5
121-150

121
アイデア

カーナビガイド

ガイドブックはもう不要？

バスガイドさんの知識がカーナビにも搭載されていると勉強になる。旅行をしてて遺跡に近づくと、これこれと説明してくれる。

（投稿　狼川さん）

ほかにも飛行機の窓に「今見えていますのは○○山です」などと表示されるといいのかも。こんなサービスが実現されると窓際の席の値段が高くなってしまうかもしれないが。

しかし飛行機にかぎらず新幹線や普通の電車でも実現してもらいたい機能である。うまくやれば広告もとることができるだろう。

こうした、**ガイドやガイドブックが不要になる情報表示機能はどうだろう。**

ガイドブックにはどんな情報が掲載されているだろうか。それがヒントになるだろう。

122
アイデア

花粉メガネ

どうやったらそれが見えるようになりますか？

よくよく考えれば人は日々無数の見えない刺激を受けて生きている。

そうした刺激が見えるようになると新しい価値を提供できるはずだ。

気になる臭いの流れに色をつけてくれる〈臭いスプレー〉、音がする方向を色や光で教えてくれる〈音源地発見メガネ〉、自分が受けている電磁波や放射能、有害ガスによって色が変わる〈カナリアジャケット〉などなど。

あなたが受けている、見えない刺激とは何だろうか。

花粉が見えるメガネができないだろうか。

できれば、スギ花粉は赤、ブタクサは青とか色分けできたらさらにグッド！

（投稿　高橋徹さん）

123
アイデア

鈍感補助

最近「よく気のつく奴」って言われます

「もう、鈍感ねぇ！」と言われたときには、軽い後悔の念を覚える。

そう言われないためにはどんなアイデアが可能だろうか。


女性が持っているバッグや小物にまつわる小話を教えてくれるサービスがあるといいな。

「あ、それってひょっとして○○じゃない？　それってさぁ……」「あら、○○さんたら詳しいのね！」、なんてね。

あとは、取引先の人事異動が発表されたら教えてくれるサービスとかあるといいなぁ。


女の子の髪型が変わったときに知らせてくれる装置があればいい。

「○○さん髪型変えた？」なんて気の利いたことが言えて、好感度アップ間違いなし。


（投稿　エヌさん）

124
アイデア

目薬スナイパー

目をつぶっていても大丈夫！

目が細かったり、子供だったりすると目薬を目に命中させるのは難しい。目薬で何も考えずに、目に命中させられるものが欲しい。

（投稿　aohamさん）

〈何かを狙う〉というのは外れる可能性があるからだ。

だとしたら目薬に限らず、**日常の〈狙う〉シーンにはまだまだ改善の余地があるだろう。**

どこを狙っても絶対こぼれない便器、どんなに遠くから狙っても絶対外さないゴミ箱、どんな角度から狙っても大丈夫なリモコン、などなど。

あなたが目を細めて狙いを定めるときはどんなときだろうか。

125
アイデア

さわやかメガネ

身体の一部を補強してくれる？

メガネにちょっとしたライトとかついてたら便利だなぁ（メガネかけてないけど）。

しかも眉をしかめることでスイッチオン。

（投稿　匿名希望さん）

せっかく目の近くにあるのだから、視力以外の目の機能を補強してくれるメガネがあってもいい。

同様にメガネで鼻の機能を補強してくれるとか、イヤリングで耳の機能を補強してくれるとかあってもよさそうだ。

近くの身体器官を補強してくれるアクセサリー、というコンセプトは悪くない。

126
アイデア

ピンポン戻し

楽しい時間に水をさすものをなくす？

卓球で打ち損じたピンポン球を取りに行くのが面倒だ。自動的に戻ってくるとかなかろうか。

（投稿　匿名希望さん）

卓球もテニスもボールがなくなってしまうと妙にやる気がなくなる。

そもそもなくならないような仕掛け、簡単に取りに行けるような仕掛けってないだろうか。

ラケットに強力な吸引機がついているとか、もしくは特殊なメガネをかければボールが物理的になくてもあたかもボールがあるようにプレイできるとか。

また、ボールがなくなることに限らず、**遊びを中断させてしまうような要素をとりのぞく方法を考えてみるといいのかもしれない。**

127
アイデア

アイロンドゥーイット

置いておくだけでいいのです

以前はシャツにアイロンをかけていたが最近はもっぱらクリーニングである。

アイロンがけをしているときは心が落ち着いたりして素敵な感じだったのだが、やはり作業的には面倒だ。

アイロンに限らず、**置いておくだけで作業がすんでしまうような仕掛けが家庭内にあると便利だ。**

入れておくだけで指輪がぴかぴかになる宝石箱、置いておくだけで時刻調整がされる腕時計のケース、停めておくだけでタイヤの空気が補充される自転車置き場、などなど。

ワイシャツのアイロンがけが面倒だ。そこに置いておくだけでアイロン完了！　なんていうことはないだろうか。

（投稿　匿名希望さん）

128

アイデア

あげたいポイント

めったに行かない店でポイントカードとクーポンをもらったけど……。これを欲しい人にあげたいな。

（投稿　むろふしさん）

好意に基づくコミュニケーション？

ポイントカード募金箱、みたいなものがその土地の駅にあれば便利かも。

こうした**「自分は必要ないけどほかの人は欲しがるのではないだろうか」といった好意によって成り立つサービスはほかにもありそうだ。**

アメリカのスーパーではレジに一セント硬貨を貯めたビンがあったりする。「財布が重くなるくらいなら一セントくらいあげるわ」という人と、「あぁ、一セント足りない！」という人の素敵なコミュニケーションだ。

あなただったらほかにどんな仕掛けが考えられるだろうか。

129
アイデア

しびれポーズ

みっともない格好を瞬時に立て直す?

うぉ、あ、足がしびれた……。この瞬間、自分はなんと情けない格好をしているのだろう、と思う。一発で直る方法とか薬とかなかろうか。

(投稿　匿名希望さん)

どうしようもなく格好悪くなってしまう場面というのはあるものだ。

小指をぶつけたときとか、ワサビの量を間違えたときとか。

どうしようもなくてそんな格好をしているのだが、この格好をなんとかできる方法が見つかれば大ヒットするのかもしれない。

あなたが思わずやってしまう、〈みっともない格好〉にはどんなものがあるだろうか。

130
アイデア

バキュームストロー

くわえるだけで飲み物の中身がちゅーっと上がってきてくれるストローとかあったら、シェークとかもっと飲みやすいのに。

（投稿　匿名希望さん）

余分な力はいりません！

ちょっと力を抜いてごらん、と言われるといつでも身体の力がすっと抜ける。

逆をいえば**いつでも身体のどこかに余分な力が入っている、ということだ。**

そんな余分な力が無理な姿勢や身体の不調をつくり出しているのだろう。

意識してすっと身体の力を抜いたときにどこから力が抜けていくか、たまには観察してみるといいだろう。

そこに**無理な力が入らないようにできる製品やサービスは健康に良さそうだ。**

131
アイデア

空缶歩き

ゴミは捨てればいいというものではない？

夏になると思わず飲み物を買って歩きながら飲んだりするが、飲み終わるころには空き缶を捨てる場所がない。

なんとかならないだろうか。

（投稿　匿名希望さん）

ゴミ箱が見つからない、といって道端に捨てるようなことは言語道断である（ポイ捨てはやめよう！）。

ゴミ箱が見つかるまで、ゴミを快適に持ち運べる仕組みが必要だ。

ポイ捨て禁止の貼り紙よりもそこに知恵を絞るべきだろう。折りたたむとポケットに入るとか、靴の裏に内蔵できるとか。

はたまた、ただ運ぶのではなくて、より有効に活用する方法でもいい。

ゴミ自体で遊べるとか、ゴミで駅の切符が割引になるといったアイデアはどうだろう。

132
アイデア

会話文具

いじっていると発想を広げてくれる文房具？

一人で夜遅くまで仕事をしていると疲れるし、だれてくる。その場にある文具と暇つぶしができたらいいな。

（投稿　匿名希望さん）

暇つぶしといっても仕事中だから、仕事に役立つような暇つぶしだったら最高だ。

つまったとき、だれたときに仕事のヒントをくれる文具はどうだろう。

「今日は何の日？」が配信されてきて表示されるペン、偉人の名言を言ってから時刻を伝えてくれる置時計、一回とめるたびに外国語でカウントしてくれるホッチキス、などなど。

発想を広げてくれる文具。そんなコンセプト商品はどうだろう。

133 アイデア

ラクラクション

音に方向性を持たせてみると……？

車のクラクションというのはどの車に向けて発せられているのか分かりにくい。
クラクションを使用するシチュエーションにはいい意味合いと悪い意味合いの場合があるし。

（投稿　小川さん）

車を指定してクラクションを鳴らす。そうすると指定された車の中でしかそのクラクションが聞こえない、というのはどうだろう。

もっと発展させて、街中を走る車同士でなんらかの通信ができると楽しそうだ。

もちろん安全には気を配る必要があるが、渋滞にはまっている車同士でチャットができたら楽しげだ。

クラクションに限らず、**街中で無方向に発せられている音やメッセージに注目してみるとおもしろい仕掛けが思いつくだろう。**

134
アイデア

ビックリラクション

渋滞や信号待ちでウトウト居眠りしてしまったとき、前の車が進んだり、信号が変わったことを知らせてくれる機能をカーナビにつけてほしいです。

後続車のクラクションではなくて……。

（投稿　ブラック・ペーさん）

心臓に悪くない注意のされ方

人に注意されるとびくっとしてしまう。実に健康に悪い。

人に注意される前に自分で気づく、もしくはそもそも注意されないようにするために何ができるだろうか。

顔についているごはんつぶを検出してくれるセンサー、プールで鼻水が出ていたら吸い込んでくれる何か、開いていたら自動で閉まってくれるズボンのチャック、などなど。

最近注意されたのはいつだろうか。

135
アイデア

非言語辞典

身振り手振りの意味を教えてくれる？

ジェスチャーの翻訳機ができるといいな。それがあれば、文化的な違いからくるミスコミュニケーションを防げるだろう。

同様の原理で手話の翻訳機も開発できそうだ。

動作を言葉に、言葉を動作に。そうした翻訳は旅行や手話以外にも応用が利きそうだ。

能や歌舞伎の自動字幕もできそうだし、スポーツの審判の動作を解釈して自動解説してくれる、といったことも可能だろう。

〈世界ジェスチャー辞典〉とかあったら旅行するとき便利かな。言葉を覚えるのもいいけど、身振り、手振りで会話するのもいいです。

（投稿　匿名希望さん）

136

アイデア

ファスナーアクション

片方だけでもできるように

ファスナーを閉めるときって、どうして片方を引っ張ってなくちゃいけないんだろう。片手で閉められるファスナー、なんてなかろうか。

（投稿　Tentoさん）

両手を使わなくてはできない作業というのはけっこうある。

そうした作業を片手でできるようなツールがあれば便利だ。

片手シャンプー、片手タイピング、片手クラリネット、などなど。

また手に限らず足や目や耳にも応用が利くような気がする。片耳だけど立体サウンド！なんてのは素敵だ。

137

アイデア

相性シャッフル

おおげさじゃない出会いの演出？

合コンなんかで席を決めるとき、動物占いみたいな簡単なテストをして、趣味が合いそうな人、相性が良さそうな人が近くに来るように席を決めてくれるシステムがあればいいなぁ。

（投稿　tonoさん）

合コンなどの出会いに限らず、**人が躊躇《ちゅうちょ》するシーンで背中を押してくれるサービスがあるといいのかも。**

あなたはどんなときに躊躇するだろうか。

気になるあの子に電話するときに最後のボタンが押せずにいると勝手にかけてくれる電話とか。

「なんか勝手にかかっちゃってさぁ、この電話、最近調子悪いんだよねぇ、ところで元気？」、とかなんとか。

138
アイデア

デスクワークアウト

社会人になって急に太りだす人が多い。一日中、デスクワークだからだ。机で仕事をしつつも運動ができるような仕掛けがないだろうか。

（投稿　匿名希望さん）

デスクワークで鍛えています!?

今後コンピュータ上での作業が多くなるにつれて、キーボードやマウスにはさまざまな機能がついてくるはずだ。特に需要が高いのは癒し系、健康器具系の機能だろう。

マッサージ機能付のマウスなんてのは当たり前として、汗ばんだ指に冷たい空気をふきつけてくれるキーボードだとか、叩けば叩くほど筋力がつくキーボード、おもりがついていてトレーニングできるマウスだとか、握力が測れるマウス、そんな製品が出てきても不思議じゃない。

デスクワークで鍛えています！　というコンセプトは人気が出てきそうだ。

139
アイデア

コースター、こーきたー

バーのコースターの裏に話のネタとか書いてあると、それはそれは素敵なバーだね。

（投稿　匿名希望さん）

話のネタ、そこにありますよ！

社会的なネットワークがより重要になっている昨今、豊富な話題は現代社会人の必須アイテムである。

しかしながらいつもいつも調子よく話のネタが見つかるわけではない。

人が集まる場所にあらかじめ話のネタを仕込んでおけたら……。

そんな発想をしてみると人気のスポットがつくれるのかもしれないですね。

140
アイデア

体にフィットする水筒

水筒は丸いものと相場が決まっているが、容量が多いものだとかさばってわずらわしい。
体にフィットする形とか考えられないだろうか？

（投稿　GL400さん）

体型に合わせて形が変わる？

そう考えると**身体の形状に合わせて変化してくれる製品はたくさん考えられそうだ。**

首まわりにあわせて絶対によれよれにならないTシャツの丸首部分、誰がどの指にはめても大丈夫な指輪、指を入れる穴の位置が自動調整されるボーリングのボールとかあったらいいな。

141
アイデア

記憶ブック

ストレスフリーな貸し借りを楽しもう！

端を折っても伸ばして数日経つと元に戻る本。

〈イヌの耳〉を作っても、ばれることなく友達と貸し借りができる。

（投稿　奥村さん）

何かを借りたり、貸したり、という習慣にもいろいろな不便利がある。

貸したはいいが大事に使ってくれるだろうか、借りたはいいがきれいに返せるだろうか、そんな心配をした経験は誰にでもある。

手の汗や脂がつかない携帯電話、絶対臭いが残らないトイレ、とても頑丈なＣＤケース、などがあると気分よく貸し借りできるだろうなぁ。

最近あなたが貸し借りしたものは何ですか。

142

アイデア

刺青メディア

必要に応じて浮かび上がってくる定規の刺青とかできたら便利そう。

（投稿　匿名希望さん）

ディスプレイとしての人体？

刺青は敬遠されがちだが、便利な刺青というコンセプトは悪くない。

メディアとしての肌、といったほうがいいのかもしれない。

その日の為替レートやニュースが刺青で浮かび上がるとか。事故にあったときに必要な医療情報が浮かびあがってくるというのはどうだろう。心拍数がある程度低くなると、血液型やアレルギー情報を表示してくれるとか。

ディスプレイとしての人体、と考えてみるとさまざまなアイデアが浮かんでくるのかもしれない。

143 アイデア

シュレッダーコンパクト

いらないものは縮めてしまえ？

シュレッダーしたあとの細い紙を自動的に圧縮してパッキングしてくればいいなぁ。
今日は、書類整理の日でした。

（投稿　中島靖支さん）

ものをしまいこむときはきっちりコンパクトになってくれれば便利だ。

シュレッダーしたあとの紙くずも圧縮してあればゴミ捨ての回数が減るだろう。
また引き出しなどもモノを入れたら奥から自動的に詰めていってほしい。
Tシャツやハンカチは奥のほうに押さえ込んでおければ、引き出しの中でぐちゃぐちゃになってしまうことがない。
そのような視点でオフィスや家の収納を眺めてみよう。

144
アイデア

息つぎマーカー

呼吸をコントロールして生産性アップ!

たとえば文章作成ソフトで長い文章を書いて、それを資料にプレゼンテーションを行います。

緊張気味の僕はどこで息つぎをすればいいか分からなくなってしまいました。

そんなときは文章作成ソフトに性別、体重を入力して息つぎマークをつけてくれればいいな。

(投稿　安東崇人さん)

緊張をやわらげる方法のもっとも手軽なものは深呼吸である。

緊張したときやストレスを感じたときに深呼吸を促すような仕組みがあるといいだろう。

試験中に緊張したらすぐ分かるように、脈拍が速くなるとインクが出なくなるペンなどはどうだろう。深呼吸をして脈拍が下がるまで字が書けないようになっていれば、落ち着いて試験を受けられるだろう。

145

アイデア

達筆手袋

この手袋をはめているだけで君は上手に字を書くことができる、なんてかっこいいなぁ。

（投稿　匿名希望さん）

苦労せずに達人の技が使える？

タイプが一般化するにつれ、どんどん字を書くことが少なくなっていく。

結果として字が汚くなり、ひいては文章が書けなくなっていく。そうした流れを阻止するためには字を書く習慣を取り戻すしかない。

ペン先から正しい筆跡を照射してくれて、それをなぞるだけでどんどんきれいな文字が書けるペンがあればいいな。

字を書くこと自体が楽しくなる工夫が考えられないだろうか。

146

アイデア

のコーンない

最後まで使い切るために！

冬になると粒入りコーンスープ（缶）をよく飲む。

コーンを一粒残らず食べることができるコーンスープが欲しい。

（投稿　さきっちさん）

コーンスープに限らず、**何かがちょこっとだけ残ってしまうのはどうも気分が悪い。**

そんな不快感を排除するような製品やサービスはどうだろう。

最後の一本まできれいに食べられるパスタの皿とか、あまった部分を有効に再利用できるビデオテープとか、最後の一滴までしぼりとれる詰め替え用シャンプーだとか。

あなたの生活の中にある「ちょこっとだけ残ってしまうもの」とは何だろうか。

147
アイデア

快適シェーバー

いやな音、そうじゃない音

電気シェーバーで髭剃り中にジョリジョリ音がしますが、アレを別の音に変えられると快適。

（投稿　長谷川さん）

生活の中で思わず顔をしかめたくなるような不快な音というのはけっこうある。

歯医者のキュイーンという音、工事現場のガガガッ！という音、隣の庭でなき続ける犬……。

そうした音を**別の音にしてみたり、音がしないようにするにはどうしたらいいだろうか。**

148

アイデア

ゴミ捨てカメラ

気を使わない共同生活？

ゴミがすでに収集されたかどうか、その場まで行かなくても部屋の中から見られると便利。

（投稿　匿名希望さん）

時間を気にせずにゴミを捨てられるマンションもあるが、悔しいことに今住んでいるところはそんな恵まれた状況にない。

このようなゴミ捨てのルールに限らず、共同生活には何かと従わなくてはならないルールが多い。

共同生活を便利にする、という切り口で考えると何かいいアイデアが生まれてくるのかもしれない。

周りに迷惑になるほどの騒音を出しているときに、自動でアラームを鳴らしてくれるとか。誰かに注意されるよりは自分で気づきたい。

149
アイデア

演技茶柱

今日のあなたは特別です！　と毎日言いたい

縁起がいいことはたまに起こるから価値が高い。

しかしよくよく考えれば、**ふだん起こっていることも見方を変えれば〈たまに起こっていること〉になりうる。**

「あなたは弊社の一〇〇〇番目のご来客です！」、「あなたは弊社の社長の母と同じ名字です！」、「今日で御社との取引が二〇〇日目になりました！」、などなど。

来客をクリエイティブに驚かせる、〈たまに起こること〉はいろいろありそうである。

乾燥茶柱ってニーズないだろうか。

事務の人がお客様にお茶を入れている様子を見て思いつきました。

営業のお客様をお招きした場合、場が和むこと請け合いかと。

業績も上がりそうだ……。

（投稿　にむさん）

150
アイデア

バッチ爪きり

もう何回もする必要はありません！

爪の形にそって、いっぺんで切れる爪きりが欲しいい！

（投稿　西尾早苗さん）

一つの作業を終わらせるために複数の動作が必要なものは爪きり以外にもある。

そうした**複数の動作をまとめて行える仕掛けができたら便利だろう。**

一回切るだけでみじん切りになってしまう包丁とか、一回入れるだけでパンパンになるタイヤの空気入れとか、必ず一こすりで消える消しゴムとか。

あとがき

ここまでお読みいただきありがとうございました。日常の諦めている不便利は今、この瞬間にも数多く寄せられています。起業・企画・営業・雑談のネタをもっともっと求めている方は『起業・企画・営業・雑談のネタは日常の諦めている不便利から』特設サイトをご覧下さい。

『起業・企画・営業・雑談のネタは日常の諦めている不便利から』特設サイトでは、まだまだネタを求めるあなたのために、

・まだまだある、日常の諦めている不便利！
・こんなアイデア商品があった！
・本書出版の裏話！

を用意してお待ちしております。今すぐアクセスしてみてください。

『起業・企画・営業・雑談のネタは日常の諦めている不便利から』特設サイト
http://book.fubenri.com/

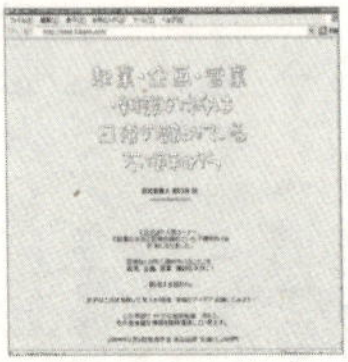

新しいアイデアに関する情報は、携帯電話からも見られます。
b@tkb.jp までメールを送ってください（件名、本文は不要です）
*ドメイン指定解除を行っている方は tkb.jp からの受信を許可してください。

新しいアイデアは、日常の諦めている不便利にひそんでいます。普通の人が考えることを諦めてしまうところで、もう一歩踏み込んでみる。そうした姿勢がアッと驚く製品やサービスを生むのかもしれませんね。この本がその最初の一歩となることを願っています。

では『起業・企画・営業・雑談のネタは日常の諦めている不便利から』特設サイトでお会いしましょう！

謝辞

本書の出版にあたっては、英治出版の原田英治社長、秋元麻希さんには大変お世話になりました。ここに深く御礼を申し上げます。

また『がんばれ社長』の武沢信行さん、『営業マンは断ることを覚えなさい』の石原明さん、松林博文さん、『犬も歩けば英語にあたる』の坂之上洋子さん（坂之上さんが経営するデザイン会社、ブルービーグル社には本書の装丁デザインにご協力いただきました！）、『Webook』の松山真之介さんには公私にわたりたくさんのアドバイス、ご支援をいただきました。ほんとうにありがとうございました。これからもよろしくお願いいたします。

『がんばれ社長』	http://www.e-comon.co.jp/
『営業マンは断ることを覚えなさい』	http://www.nihonkeiei-lab.com/
『犬も歩けば英語にあたる』	http://www.sakanoue.net/
『Webook』	http://webook.tv/
ブルービーグル	http://www.bluebeagle.net/

また、そもそも「日常の諦めている不便利を集めたサイトってあるかな？」と聞いていただいた藤川佳則さん、ありがとうございました。この疑問がなければこの企画は存在しませんでした。いつも鋭い示唆を与えていただき感謝しております。

そして、『百式』をいつも支えてくれている読者の方、あなたのご支援がなければこの本も日の目を見ることはなかったことでしょう。

最後になりますが、この本をお買い求めいただいたあなたに最大の感謝！です。ありがとうございました！

百式管理人 田口元
2004/01/12

投稿者のみなさん

ありがとうございました！

Part 1

001▼匿名希望さん
002▼Cheeさん
003▼田川悟郎さん
004▼munitisさん
005▼おかださん
006▼匿名希望さん
007▼のりくん
008▼匿名希望さん
009▼joji さん
010▼はとさん
011▼匿名希望さん
012▼蓮見さん
013▼けろさん
014▼匿名希望さん
015▼匿名希望さん
016▼佐藤さん
017▼山元正美さん
018▼匿名希望さん
019▼匿名希望さん
020▼匿名希望さん
021▼匿名希望さん
022▼まさねこさん
023▼はしもとさん
024▼はるなさん
025▼k.sugayaさん
026▼川原さん
027▼武沢信行さん
028▼森下"hurry"義之さん
029▼匿名希望さん
030▼匿名希望さん

Part 2

031▼匿名希望さん
032▼匿名希望さん
033▼Andoさん
034▼古山さん
035▼FUJIMORIさん
036▼匿名希望さん
037▼横井さん
038▼田中さん
039▼久山美樹さん
040▼匿名希望さん
041▼なかがわさん
042▼まえださん
043▼松場重曉さん
044▼KOGUさん
045▼長谷川さん
046▼匿名希望さん
047▼匿名希望さん
048▼マサミホさん
049▼匿名希望さん
050▼菅原さん
051▼中込有美子さん
052▼こばKさん
053▼山宮さん
054▼ゆーじさん
055▼青井堅さん
056▼のりくん
057▼はとさん
058▼なかにっちゃんさん
059▼匿名希望さん

Part 3

060▼匿名希望さん
061▼長谷川さん
062▼匿名希望さん

063▼ジョン助さん
064▼ぉぉたにさん
065▼中込有美子さん
066▼匿名希望さん
067▼匿名希望さん
068▼匿名希望さん
069▼匿名希望さん
070▼小結さん
071▼たかさん
072▼匿名希望さん
073▼匿名希望さん
074▼匿名希望さん
075▼足立さん
076▼池ポンさん
077▼物語さん
078▼サメさん
079▼関沢さん
080▼匿名希望さん
081▼Zackyさん
082▼関本さん
083▼新井雅子さん
084▼西形涼子さん
085▼はとさん
086▼こやっちさん
087▼新井雅子さん
088▼大橋さん
089▼大串秀夫さん

Part 4

090▼匿名希望さん
091▼小賀さん
092▼はとさん
093▼匿名希望さん
094▼shinjiさん
095▼匿名希望さん
096▼匿名希望さん
097▼ひなみやさん
098▼長谷川さん
099▼垣田さん
100▼玉田和久さん
101▼石原明さん
102▼今村勇輔さん
103▼匿名希望さん
104▼はやせさん
105▼匿名希望さん
106▼北海道・しーおー・じぇいぴーさん
107▼藤原隆一さん
108▼関沢さん
109▼匿名希望さん
110▼漣さん
111▼匿名希望さん
112▼匿名希望さん
113▼菅沼さん
114▼さきもりさん
115▼匿名希望さん
116▼松本直也さん
117▼にむさん
118▼長谷川さん
119▼長谷川さん

Part 5

120▼川辺さん
121▼狼川さん
122▼高橋徹さん
123▼エヌさん
124▼aohamさん
125▼匿名希望さん
126▼匿名希望さん
127▼匿名希望さん
128▼むろふしさん
129▼匿名希望さん
130▼匿名希望さん
131▼匿名希望さん
132▼匿名希望さん
133▼小川さん
134▼ブラック・ペーさん
135▼匿名希望さん
136▼Tentoさん
137▼tonoさん
138▼匿名希望さん
139▼匿名希望さん
140▼GL400さん
141▼奥村さん
142▼匿名希望さん
143▼中島靖支さん
144▼安東崇人さん
145▼匿名希望さん
146▼さきっちさん
147▼長谷川さん
148▼匿名希望さん
149▼にむさん

百式管理人・田口元（たぐち・げん）

一日一社、ユニークな海外ドットコムサイトを紹介するサイト『百式』を2000年1月より主宰。日本のビジネスパーソンの起業、企画、営業、雑談のネタにと土日を含め毎日更新。同サイトでは無料メールマガジンも配信している。雑誌への連載、講演講師など実績多数。豊富な海外ビジネス事例をもとにした調査・コンサルティング事業も展開。著書に『アイデア×アイデア』（英治出版）がある。

『百式』サイトは http://www.100shiki.com/ をご覧ください。
ご意見・ご感想・お問い合わせはお気軽に webmaster@100shiki.com までお願いいたします。

起業・企画・営業・雑談のネタは
日常の諦めている不便利から

発行日	2004年　2月13日　第1版　第1刷
	2010年　12月15日　第1版　第3刷
著者	百式管理人・田口元（たぐち・げん）
発行人	原田英治
発行	英治出版株式会社
	〒150-0022 東京都渋谷区恵比寿南1-9-12 ピトレスクビル4F
	電話　03-5773-0193　　FAX　03-5773-0194
	http://www.eijipress.co.jp/
プロデューサー	秋元麻希
スタッフ	原田涼子　高野達成　岩田大志　藤竹賢一郎　山下智也
	杉崎真名　鈴木美穂　下田理　渡邉美紀　山本有子　牧島琳
印刷・製本	Eiji 21, Inc., Korea
装丁	田口元
校正	阿部由美子

ISBN978-4-901234-36-8　C0030　Printed in Korea